Winfried Kuhn

Das Spätzlebuch

Rezepte und Geschichten
rund um die köstlichste Speise der Welt

Eichborn.

Für meine Frau Cordula, meine Schwiegermutter Rosa und ihre urschwäbische Familie. Für Helga, Elisabeth, Gerhard, deren Kinder und Ehepartner.

Die Deutsche Bibliothek – CIP-Einheitsaufnahme

Kuhn, Winfried:
Das Spätzlebuch : Rezepte und Geschichten
rund um die köstlichste Speise der Welt / Winfried Kuhn. –
Frankfurt am Main : Eichborn, 1999
ISBN 3-8218-1527-2

Umschlaggestaltung: Christina Hucke unter Verwendung von Illustrationen von Moni Port
Lektorat: Georg Simader
Vignetten: Moni Port
Satz: Fuldaer Verlagsanstalt GmbH, Fulda
Druck und Bindung: Werner Söderström OY, Finnland
ISBN 3-8218-1527-2

Verlagsverzeichnis schickt gern:
Eichborn Verlag, Kaiserstraße 66, D-60329 Frankfurt am Main
http://www.eichborn.de

Inhalt

Vorwort

Ich esse für mein Leben gern Spätzle. Sie dienen meinem Wohlbefinden und ich vermisse diese Speise bei längeren Auslandsaufenthalten. Spätestens nach einer Woche Spätzleentzug freue ich mich wie ein kleines Kind auf die köstlichen Teigwaren bei mir zu Hause (meine Frau macht die besten Spätzle der Welt!), bei meiner Mutter und nicht zuletzt meiner Schwiegermutter, die ein derartiges Mahl noch mit einem echt schwäbischen Kartoffelsalat krönt. Sie macht, wenn ich zu Besuch komme, immer eine etwas größere Menge, und wenn die Verwandtschaft zu Kaffee und Kuchen schreitet, genehmige ich mir eine weitere Portion Spätzle und Kartoffelsalat.

Ich gebe zu, ich bin abhängig. Ich gestehe hiermit öffentlich: Ohne Spätzle kann ich nicht mehr leben – wobei mein Arzt meinte, wenn Spätzle mein einziges Laster blieben, könnte ich durchaus recht alt werden.

Mit diesem Buch möchte ich verschiedene Dinge bewirken. Einmal wünsche ich mir, daß möglichst viele Menschen im In- und Ausland von den segensreichen Geschmacksschmeicheleien des schwäbischen Naturproduktes infiziert werden. Dann will ich die Angst nehmen, Spätzle selbst herzustellen und zudem Lust auf eine Landschaft im Südwesten des deutschen Sprachraumes machen. Das Buch soll auch dazu beitragen, darüber nachzudenken, welche Nahrung man zu sich nimmt. Richtige Spätzleesser arbeiten aktiv an einer besseren Umwelt mit, denn Sie entscheiden, ob Sie Weißmehl nehmen und Eier aus Massentierhaltungen benutzen oder entsprechende alternative Produkte kaufen.

Ich bin offen für Anregungen, Vorschläge und natürlich auch für Kritik. Schreiben Sie an den Verlag oder direkt via Internet an die E-Mail Adresse
100737.2567@compuserve.com bzw.
http://ourworld.compuserve.com/homepages/Winfried_Kuhn/spaetzle.htm.
Auf meiner Internetseite finden Sie auch weitere Links zu allem, was Spätzleessern Freude bereitet.

Viel Spaß beim Lesen und Essen

Winfried Kuhn

P.S. Alle Rezepte sind, soweit nicht anders vermerkt, für vier Personen gedacht.

Das Spätzlefieber – die schönste Krankheit der Welt

Urlaub 1995 an der bretonischen Atlantikküste: Herrliches Meer, wunderbares Wetter, jeden Tag am Strand oder unterwegs zu einer der vielen kulturellen Sehenswürdigkeiten dieser Halbinsel. Die Landesküche, insbesondere die zahlreichen Fischgerichte, sind einfach köstlich und immer tadellos frisch.

Die erste Woche ist ein Fest für die Geschmacksnerven. Neben Makrelen und Krustentieren aller Art haben es mir die Muscheln angetan, die dort für wenig Geld erstanden werden können.

In der zweiten Woche werden die Pasteten genauer getestet. Sie gibt es in der Bretagne bei vielen kleinen landwirtschaftlichen Anwesen, hausgemacht – wie die Schilder am Hofeingang besagen. Jede einzelne ist ein Genuß, dazu ein Stück Weißbrot und ein trockener Roter – die Welt ist schön. So ungefähr stellt man sich Gottes Leben in Frankreich vor.

Zu Beginn der dritten Woche jedoch macht sich eine nicht näher zu definierende Unruhe breit. Der Fisch ist immer noch frisch, auch die Pasteten werden gern mit Rotwein heruntergespült. Muscheln, okay, mit Petersilie in Weißwein gekocht; klar, dafür ist man ja schließlich nach Frankreich gefahren, mit den Kindern, und hat sogar noch für fast 1000 Kilometer die Autobahngebühr bezahlt. Irgendwie aber macht sich Leere breit. Man wird reizbar, unruhig, schläft schlecht.

Therapeuten würden diesen Zustand vielleicht als Entzugserscheinung deuten. Es ist die Sehnsucht nach irgend etwas Bestimmten, eine Mischung aus Hunger und Heimweh. Unzufriedenheit greift um sich. Sogar den Kindern gefällt es nicht, schon wieder in einem Restaurant für viel Geld ein Stück Fleisch oder Fisch mit Fritten erstehen zu müssen. Daheim, im fernen Schwabenland, hätten die Kleinen für Pommes, in Verbindung mit Ketchup, kaltblütig ihre eigenen Eltern in Zahlung gegeben.

Der Countdown beginnt zu laufen, als ein Familienmitglied den magischen Satz ausspricht: »Wenn wir heimkommen, dann wünsche ich mir als erstes Kässpätzla.«

»Au ja«, wirft mein Ältester ein, »Spätzle mit viel Soß'.«

Damit ist ein Damm gebrochen. Vorbei ist die ungetrübte Urlaubsfreude, die Stunden werden gezählt, bis man wieder ins gelobte Spätzle-Land zurückdarf.

Sogar unsere Kleine bekommt beim Wort Spätzle ein verklärtes Gesicht. Und dann ist es wieder soweit, es ist ausgebrochen: Das Spätzlefieber!

Die Krankheit befällt alle Schwaben in der Ferne; die Servicetechniker der schwäbischen Maschinenbaufirmen, die Auslandsvertreter der großen Automarken, die Missionare aus gutem schwäbisch-pietistischem Hause, kurz: alle, die länger als zwei Wochen nicht in ihrer Heimat sind und ohne Spätzle, ohne jenes Gericht, durch das die schwäbische Küche zur besten der Welt wurde, auskommen müssen.

Spätzlefieberkranke sind unheilbar. Zwar gehen sie an ihrer Krankheit nicht zugrunde, aber sie leiden unsäglich. Wie mag es den Amerikauswanderern gegangen sein, die um die Jahrhundertwende ihre Heimat verließen? Was mußten diese Menschen mitgemacht haben? Was haben im achtzehnten und neunzehnten Jahrhundert jene Schwaben empfunden, die von den heimischen Gefilden ins heutige Ungarn, Rumänien oder Jugoslawien gezogen sind?

Ich gebe zu: Ich bin der Spätzlesucht verfallen, und das schon, seit ich denken kann. Und wie die meisten Süchtigen bin ich von »meiner« Droge völlig überzeugt. Ich will nicht alleine leiden – nein, alle, alle sollen Spätzlefieber bekommen. Der Virus muß um die ganze Welt gehen. Freunde stecken Freunde an, Verwandte ihre Angehörigen. Stellen Sie sich eine ganze Welt im unheilbaren Fieberwahn vor – und das einzige Mittel, das wenigstens die Symptome bekämpft, sind selbstgemachte, goldgelbe Spätzle, mit Käse oder einer guten Soße.

Der Schwabe und seine Spätzle

Der traditionelle Schwabe liebt sein schwäbisches Essen. Er weiß zwar von Pizza und Pasta, er weiß auch, daß die Menschen in Frankreich anders essen als er – aber am liebsten schmeckt ihm die traditionelle Speise aus heimischen Landen. Mit schwäbischem Essen sind Menschen großgezogen worden, deren Werke und Wirken von großer Bedeutung sind: Bertolt Brecht, Friedrich Schiller, Theodor Heuss, Harald Schmidt, Lothar Späth, Joschka Fischer – um nur einige zu nennen. Kreativität und Intelligenz, so scheint es fast, hängen unmittelbar mit schwäbischem Essen zusammen.

Beweis dafür sind die klugen schwäbischen Kinder. Sie lieben Spätzle mit Soße; gleich nach dem Fläschchen werden die ersten Versuche mit fester Nahrung durch eigenproduzierte Teigwaren getätigt und begeistert angenommen.

Außerhalb des Musterländles sind von der segensreichen schwäbischen Kost fast nur Spätzle bekannt. Fast ehrfürchtig nehmen Fremde das Wort »Spätzle« in den Mund – leider aber kennen sie nur allzu selten das Produkt, und wenn, dann nur als Ersatz in Form von Nudeln, die wie Spätzle aussehen, aber nicht wie Spätzle schmecken.

Andere Spezialitäten, wie saure Kutteln, Gaisburger Marsch oder saure Kartoffelrädla sind nördlich von Bad Mergentheim noch weniger bekannt. Entfernt man sich aus dem germanischen Sprachraum, kennt man von der deutschen Küche nur noch Knödel, Sauerkraut und vielleicht noch Schnitzel – Spätzle dagegen sind auf kaum einer fremdsprachigen Speisekarte zu finden.

Spätzlealemania

Spätzle gibt es vor allem in Schwaben, aber auch im restlichen alemannischen Sprachraum. Dieser beginnt im Norden bei Mannheim und endet im Süden ungefähr auf einer gedachten Linie Bern-Arlbergpaß. Im Westen sind die Vogesen die Grenze des Spätzleterritoriums, im Osten ist die Grenze von Spätzle- und Knödelland der Lech. Hier ändern sich nicht nur die Sprache, sondern auch die Grundnahrungsmittel.

Es gibt hart umkämpfte Spätzlerandgebiete. So kennt der deutschsprachige Schweizer seine Knöpfli; sie sind auf den Speisekarten dieser Gegend einem andauernden Konkurrenzkampf mit den Rösti ausgesetzt. In Frankreich will die Pommes frites-Krankheit die Eßtische des Elsaß infizieren. Kleine Inseln der traditionellen Spätzlekunst findet man in Tirol. »Spotz'n«, den schwäbischen Spätzle verwandte Mehlprodukte, erweitern hin und wieder den Küchenplan des wilden Bergvolkes. Auch im Fränkischen und in Teilen von Bayern, das im Besitz eines Teils des schwäbischen Kernlandes ist, wird über den Bereich zwischen Kempten und Eichstätt die wohlschmeckende Entwicklungshilfe zuteil.

Spätzle in aller Welt?

Die Kulturkraft der Spätzle beginnt jedoch weit über die schwäbischen Grenzen hinaus zu wirken. So werden in Frankreich, ausgehend vom Elsaß, bereits erste Spätzleversuche unternommen. Die Italiener bedienen sich der Erfahrung der Südtiroler. Selbst Österreich nimmt die gaumenkulturelle Entwicklung teilweise über Vorarlberg und Tirol an.

Im Norden Deutschlands sieht es leider immer noch bitter aus. Vereinzelt gibt es sie, die Spätzlebastionen, möglicherweise durch einen engagierten Volkshochschulkurs geschaffen, oder die Spätzle-Diaspora wurde im Kartoffelland durch eingeheiratete Schwaben gestärkt. Zwar lieben alle Norddeutschen Spätzle, nur traut sich weder die fleißige Hausfrau aus Lübeck, noch der männliche Hobbykoch aus Bad Bevensen, sie selbst herzustellen.

Schwaben hat gegenüber Bayern den Vorteil, daß es noch wenig vom Tourismus heimgesucht wurde. Sicher, viele kennen den Bodensee – aber das war's dann auch. Die Alb, der nördliche Schwarzwald, der Welzheimer Wald und die Hohenlohe bleiben mehr oder weniger unberührt. Dadurch hat sich die reine Lehre schwäbischer Eß- und Kochkultur viel besser erhalten können. Wo in Bayern aus Knödel verhochdeutscht Klöße werden, bleiben Spätzle in Schwaben Spätzle. Was für eine Wohltat.

Was bitte ist Pizza?

Wenngleich ich an anderer Stelle erwähnte, daß Spätzle auf kaum einer fremdsprachigen Speisekarte Eingang finden, so besteht doch Hoffnung, daß sich die schwäbische Nationalspeise bald weltweit durchsetzen werden wird. Im Hollywoodstreifen »Der Duft der Frauen« startet der Hauptdarsteller Al Pacino seine Verführungskünste in einem New Yorker Nobelrestaurant. Und raten Sie mal, was dort serviert wird? Rehbraten mit Spätzle.

Da wir davon ausgehen können, daß US-amerikanische Entdeckungen innerhalb weniger Jahre andere Kontinente erreichen, ist zu erwarten, daß es in Europa demnächst eine Spätzlezeit geben wird; Pizza oder Hamburger werden zunehmend an Bedeutung verlieren.

K(l)eine Feinschmecker

Der Schwabe gilt allgemein nicht als Feinschmecker. Da haben die Badener und die Leute aus der Spargel-Pfalz ihr Gourmet-Image wesentlich besser gepflegt. Nein, die Leute zwischen Bodensee und Hohenlohe sind in den Augen von Nichtschwaben zwar fleißig und klug – aber man traut ihnen keine Hochküche zu. Vielleicht liegt es daran, daß Spätzle und Co. keinen Einzug auf die Speisekarten der Luxusrestaurants dieser Welt gehalten haben. Schwäbisches Essen ist und bleibt Hausmannskost, es hat den Ruf einer Arme-Leute-Küche.

Im Gegensatz zum katholischen Bayern haben die Schwaben durch die Einführung des Protestantismus viel von ihrer Lebensfreude und Eßkultur verloren. Das hat zur Folge, daß besonders fromme Schwaben praktisch das ganze Jahr über Fastenzeit haben. Die schwäbische Hausfrau, fromm und züchtig, aber immer in Liebe zu ihrer Familie, läßt sich viel einfallen, um das Enthaltsamkeitsgebot zu umgehen. Maultaschen, so heißt es, verdecken ihren köstlichen Inhalt vor dem lieben Gott, denn von außen ist ja nur der Teigmantel sichtbar. Noch heute werden in mehrheitlich evangelischen Orten Maultaschen traditionell am Karfreitag gereicht, einmal, um die wenigen Katholiken zu ärgern und zum anderen, weil das Fleisch der liebe Gott ja nicht sehen kann.

Spätzle sind das Understatement-Essen schlechthin. Sie sind ohne großen Aufwand herzustellen, wirken unscheinbar, sind aber unvergleichlich im Geschmack.

Lieber Spätzle als Nudeln

Oft wird behauptet, daß Spätzle und Nudeln doch fast das Gleiche seien. Ja, manche sagen sogar, daß es bei ihnen oft Spätzle gäbe – und meinen damit den seltsamen Trockenersatz aus der Tüte, der ungefähr soviel mit Spätzle gemein hat wie trockenes

Hundefutter in Säcken mit einem Filetsteak. Getrocknete Tütenspätzle sind eben auch nur Nudeln – in einer Maschine zu Spätzleform gepreßt. Trotz ihres Aussehens bleiben sie Nudeln, eine Fälschung, die eigentlich bestraft werden sollte. Denn diese Teile verdienen den Namen Spätzle nicht.

Zu Beginn der achtziger Jahre gab es in Deutschland einen Nudelskandal. Das Regierungspräsidium Stuttgart stellte fest, daß Nudeln aus verdorbenem Frischei hergestellt wurden. Selbst wenn heute keine verdorbenen Eier mehr für die Herstellung von Teigwaren verwendet werden sollten, so stammen die Eier fast aller Nudeln doch von Hühnern, die unter Zuhilfenahme vieler Medikamente in Massentierhaltung aufwachsen. Wer nur ein einziges Mal eine dieser Geflügelfabriken gesehen hat, wird wohl kaum auf die Idee kommen, noch einmal Fertignudeln zu kaufen.

Unter anderem aus diesen Gründen haben meine Frau und ich – aber auch viele Mitschwaben –, beschlossen, keine Nudeln mehr aus der Packung, sondern nur noch selbstgemachte Spätzle zu essen. Ausgenommen sind die Hartweizennudeln ohne Ei, die auch die Kinder lieben.

Die goldgelbe Zauberspeise

Spätzle und gutes Essen ist eins. Wem läuft nicht schon das Wasser im Mund zusammen, wenn er nur an diese goldgelben, dampfenden und duftenden Nahrungsmittel denkt?

Stellen Sie sich vor, Sie kehren nach einer Wanderung in einer der vielen guten Wirtschaften Schwabens ein. Hungrig und ein klein bißchen müde bestellen Sie einen gemischten Braten mit Spätzle und Salat. Kurze Zeit später kommt die Bedienung und bringt Ihnen erst einmal einen Berg handgemachter, vielleicht sogar handgeschabter schwäbischer Teigwaren. Ihnen läuft das Wasser im Munde zusammen; ein Genuß, der fast als orgiastisch zu bezeichnen ist, kündigt sich an – und schon beim Anblick der goldgelben Zauberspeise wird klar: Spätzle als reine Sättigungsbeilage zu bezeichnen, ist frevelhaft. Jeder nur halbwegs gourmet-gebildetete Schwabe mißt einen Restaurationsbetrieb an der Güte seiner Spätzle. Die Soße (d' Soß') und ein gemischter (g'mischt'r) Salat, in dem große Mengen an Kartoffelsalat (Grombirasalat) nie fehlen dürfen, fügen sich zu einer feinen Komposition.

Die Köche schwäbischer Wirtschaften geben die Spätzle nicht sofort auf den Teller. Eine große Platte steht in der Mitte des Tisches, und jeder kann sich soviel nehmen, wie er mag. Die Platte wird gern wieder aufgefüllt, ja, man wird förmlich gedrängt, noch etwas zu essen.

Zu guten Spätzle gehört Soße. Viel Soße. Selbst zu Schnitzel wird sie gereicht. Zu einer richtigen schwäbischen Mahlzeit muß es soviel Soße geben, daß die Spätzle fast darin schwimmen können. Kenner der schwäbischen Küche geben die Soße sogar über den Salat, eine Vorgehensweise, die außerhalb des Spätzle-Belts Unverständnis, ja Entsetzen hervorrufen würde.

»Machat se mr a Schorle rot-saur'r, ab'r von am guata Wei'.« (Ich hätte gern ein Gemisch aus Mineralwasser und rotem Qualitätswein mit Prädikat.) Mit diesen Worten ordert der Einheimische und meint damit, daß sein Wein nicht aus einer der großbauchigen Weinflaschen kommen soll, sondern von einem schwäbischen Trollinger, einem Qualitätswein eben.

So sitzen Sie nun vor Ihrem Teller, im Glas ein hellrotes, alkoholisches Getränk. Sie riechen den Duft des Essens, geben die locker übereinander liegenden Spätzle auf Ihren Teller, gießen die beigestellte Soße darüber und stellen beim ersten Bissen fest, daß das beigefügte Bratenstück doch eher Beiwerk ist.

Ihr Gaumen erfährt die Mischung aus Bißfestigkeit und Zartheit. Der unaufdringliche Geschmack gut gemachter Spätzle hebt sich wohltuend ab von manch gewürzüberfrachteten Produkten zeitgenössischer Kochkunst.

Kommt eine andere Beilage in der Welt gegen Spätzle an? Meinen Sie wirklich, daß Pommes frites, oftmals versalzen und fettig, auch nur annähernd so schmackhaft sind? Oder Nudeln, von denen niemand so genau weiß, wie alt die Eier waren, die zur Herstellung verwendet wurden? Vielleicht sind selbstgemachte Knödel am ehesten mit Spätzle geschmacklich auf eine Stufe zu setzen, denn auch sie sind ein Naturprodukt.

»Wellat 'se no a paar Spätzla? I breng no oine.« (Darf ich Ihnen noch ein paar Spätzle nachlegen?) Der Aufforderung der Bedienung oder sogar der Wirtin, noch mehr zu essen als man eigentlich wollte, kann sich niemand wirklich verschließen. Gerade bei Spätzle darf auch über den eigentlichen Hunger hinaus gegessen werden. Sie erzeugen kaum Völlegefühl; die letzten Soßenreste werden aufgesuppt, der Teller soll sauber zurückgegeben werden, ordentlich eben.

Nach dem Motto »Liab'r da Maga verrenka, als em' Wirt was schenka« ist es Ehrensache, alles Servierte aufzuessen. Selbst mit großem Einsatz (no pressa mr 's mit Gwalt nei!) und Opferbereitschaft (I eß des no, ond wenn mr da ganze Dag/d' ganze Nacht schlecht isch!) fühlt sich der Normschwabe dazu berufen, alles Bezahlte in den Humanwertstoffkreislauf eingehen zu lassen.

Erst wenn alle Behältnisse leer und die Teller blitzblank sind, kommt das Signal für den Abbruch der Nahrungsaufnahme: »I glaub', i koh nemme.« Dies ist beileibe kein Zeichen zum Gehen, man sitzt noch zusammen in froher Runde. Denn beinahe alle Bewohner des alemannischen Sprachraumes lieben nicht nur Spätzle, sondern sind auch gesellige Menschen.

Die Sprache der Spätzleesser

Einführung

Es ist nicht leicht, Außenstehende in den schwäbischen Wortschatz einzuweihen. Sprachgeschichtlich ist das Schwäbische genauso weit, oder sogar noch weiter, von einem rheinischen Dialekt entfernt, wie das Dänische vom Englischen. Die Menschen in der Kölner Domstadt benutzen eine niederrheinische Form der deutschen Artikulation, und sind damit viel näher an den Sprachformen der Holländer als an denen der Menschen im Südwesten unserer Republik. Das Schwäbische gehört zur alemannisch-bajuwarischen Sprachfamilie. Diesen Bereich geographisch einzugrenzen, ist sehr einfach.

I-Land

Nehmen wir das hochdeutsche Wort »ich« aus dem Satz: »Ich mag nicht.« Dazu sagt der Berliner und viele Norddeutsche »ik«, der Rheinländer »ech« oder »ich« und ein Teil der Menschen an der Mosel sogar »eich«. Die Bayern, Schwaben, Badener, Österreicher, Schweizer, Elsässer, Südtiroler und Liechtensteiner sagen alle gleichlautend »i«. Allenfalls im Schwyzerdütsch kommt das kehlige »ch« nach dem Vokal noch als sanfter Hauch vor.

Auf-Land

Worin aber unterscheidet sich die alemannische Sprache vom bajuwarischen Dialekt, der in Bayern, Österreich (die alemannisch sprechenden Vorarlberger ausgenommen) und Südtirol beheimatet ist?

»Der Vogel sitzt auf einem Baum.« Menschen mit alemannischem Zungenschlag, zum Beispiel Schweizer oder Elsässer, werden »uf« zu »auf« sagen. Hier heißt es demzufolge: »Dr Vogel hockt uf em Boom«; im restlichen »I-Land« heißt es »auf«.

Le-Grenze

Aber Alemannisch ist noch nicht gleich Schwäbisch. Die Trennung ist die »le-Grenze«. Verkleinerungsformen in anderen Regionen werden teilweise durch »el« ausgedrückt (Tropfen – Tröpfel), oder, wie in der Schweiz und im Südbadischen, mit »li« (Tröpfli). Der Schwabe grenzt sein Sprachterritorium durch »le« (Tröpfle) ab.

Wird der Schwabe zärtlich, nennt er seine Ehefrau »Schätzle«. Spätabends, wenn die Kinder bereits im Bett liegen, kann dies bereits den Wunsch einer innerehelichen sexuellen Handlung ausdrücken. Sofort erkennt der aufmerksame Beobachter, daß Dinge, die dem Schwaben wichtig sind, mit zusätzlichen Silben belegt werden. Dieses an sich vollkommen unnütze »le« finden wir in Kendle (Kind), einer Bezeichnung für den Nachwuchs in der sogenannten süßen Phase. Sobald das Kind jedoch älter wird und in den schwierigen Erziehungsabschnitt der Pubertät gerät, wird er nur noch »dr Jong'« (der Junge) oder d' Jong (das Mädchen) genannt. Wird ein neues Fahrzeug angeschafft, nennt es der Besitzer stolz »mei Kärrele« (mein tolles Auto), nach der ersten unfreiwilligen Wiederholung der TÜV-Prüfung wird das Auto als »mei Karra« (mein Auto mit Problemen) bezeichnet.

Diese Erläuterungen sind wichtig, um zu verstehen, daß der Name »Spätzle« bereits eine Qualitätsaussage bedeutet, wenn nicht sogar eine echte Liebeserklärung darstellt.

Die le/la-Problematik
Es heißt im Singular Kendle (Kind). Im Plural dagegen sagt der Schwabe Kendla (viele Kinder). Bei Spätzle wird es schwieriger. »Das Spätzle« in der Einzahl gibt es nicht – wer käme schon auf die Idee nur *eines* der himmelköstlichen, handgemachten Teigwaren zu essen? Der Schwabe benutzt eigentlich immer die Pluralform »Spätzla«. Die Bezeichnung der Nahrung jedoch lautet »Spätzle«, und damit ist nicht nur eines gemeint, sondern eben eine größere Zahl – »an ganza Haufa«.

Der norddeutsche Gast in einer schwäbischen Wirtschaft
Wie soll nun ein Besucher aus Wanne-Eickel oder Oberroda seine Bestellung in einem schwäbischen Restaurant aufgeben? Versuchen wir es hier einmal mit einer kleinen Muster-Gastronomiekonversation. In Klammern erhalten Sie die entsprechende hochdeutsche Übersetzung. Der Gast aus Norddeutschland wird hier mit »GaN« abgekürzt.

Bedienung: X' g't
(Einen recht schönen guten Tag, wir freuen uns, Sie als unseren Gast begrüßen zu dürfen.)
GaN: Guten Tag.
Bedienung: Was derfs denn sei?
(Was würden Sie gerne bestellen?)
GaN: Ich hätte gern die Nummer neun.
Bedienung: Zairscht s' drenga.
(Wären Sie so freundlich, zuerst einmal in unsere Getränkekarte zu blicken?)
GaN: Was können Sie mir denn für einen Wein empfehlen?

Bedienung: An offana odr an zuana?
(Hätten Sie den Wein gerne aus einer Karaffe oder wünschen Sie die Bestellung einer ganzen Flasche?)
GaN: Äh, wie bitte?
Bedienung: An offana odr an zuana?
(Es macht mir große Freude, Ihnen bei der Auswahl der Getränke zu helfen.)
GaN: Nun, äh...?
Bedienung: Was wellet se jetzt zom drenga?
(Dürfte ich Sie freundlicherweise darauf aufmerksam machen, daß ich seit vier Stunden auf den Beinen bin und noch zwanzig andere Gäste auf mich warten!)
GaN: Äh, keine Ahnung, was trinkt man denn hier bei Ihnen so?
Bedienung: Mr hend au Bier.
(Bitte, wenn Ihnen Wein nicht besonders zusagt, empfehle ich Ihnen ein Bier.)
GaN: O ja, ich nehme dann ein Pils vom Faß.
Bedienung: Mr hend bloß Flascha.
(Auf Grund der besonderen Sparsamkeit der Wirtsleute wurde leider noch keine Zapfanlage angeschafft. Darf ich Ihnen ein Flaschenbier empfehlen?)
GaN: Also, gut, dann nehme ich eine Flasche Bier.
Bedienung: Woiza?
(Sie können bei uns zwischen Hefe- und Kristallweizen, alkoholfreiem Bier, Export und Pils wählen.)
GaN: Irgendein Bier.
Bedienung: Ond zum essa?
(Was war das nochmals, was Sie vorhin freundlicherweise bestellt haben?)
GaN: Wie bitte?
Bedienung: Was wellat se zom essa?
(Was würden Sie gerne bei uns speisen?)

GaN: Die Nummer neun.
Bedienung: Gebat se mr mol d' Kart.
(Darf ich kurz in die Speisekarte blicken?)
GaN: Bitte sehr.
Bedienung: Mit Spätzla oder Pomm-Fritt?
(Wollen Sie Spätzle oder wirklich diese fettigen Kartoffelteile?)
GaN: Äh, mit Spätzle natürlich.
Bedienung: Elles?
(Vielen Dank für Ihre Bestellung.)
GaN: Äh, was?

Spätestens jetzt sind Sie als Auswärtiger geoutet.
Zur Wiederholung: In der Konversation heißt es Spätzla (immer Plural!), nur die Speise an sich wird Spätzle genannt. Das Wort »Spätzle« taucht zudem bei Wortverbindungen wie Spätzlebrett, Spätzleschwob oder Spätzlemehl auf.

Das Spätzle-Gedicht

I han a Schätzle
des macht mr de Spätzle
grad so wie ih 's mog.
Ond wenn ih se frog
Du, mei liabs Schätzle
geit's heit wid'r Spätzle?
mit vil Soß ond am Brota
dua mr's vorrota
geihts au en guata
Grombirasalat?

No sagt mr mei Schätzle
Bloß emmer Spätzle
Brota ond Soß
ond des jeda Dag.
No nemm ih mei Schätzle
ond sag zua'ra Spätzle,
so wia ih di Soß zua de Spätzla mog
wia dr Brota em Teller mit
Grombirasalat
so mog ih die au –
ond dees jeada Dag.

Übersetzung
Ich habe ein Schätzchen
das macht mir die Spätzchen
genau so wie ich sie gerne esse.
Und wenn ich sie frage
Du, mein liebes Schätzchen,
gibt es heute wieder Spätzchen
mit viel Sauce und Braten
bitte verrate es mir
gibt es auch einen guten Kartoffelsalat?
Dann sagt mir mein Schätzchen
immer nur Spätzchen
Braten und Sauce
und das jeden Tag.
Ich nehme dann mein Schätzchen zärtlich in die Arme
und sage zu ihr: Du weißt doch, daß es in meinem Leben nur eine Frau gibt.
So wie ich Deine köstlichen Speisen mit Sauce und Spätzchen gern esse
wie das köstlich gegrillte Fleisch mit Kartoffelsalat eine
gaumenfreundliche Verbindung im Teller eingeht
so soll auch unser Zusammenleben auf ewig sein.

Der schwäbische Geiz und die Spätzle

Bei meinem ersten Besuch in Schottland fragte ich mich in Edinburgh nach einer Straße durch. Eine nette einheimische Lady, die gerade an diesem Samstag ihren Bürgersteig fegte, sagte mir: »The firscht raihgt«. Sie rollte das »R« so sehr, daß ich fast dachte, sie sei eine Bewohnerin der schwäbischen Alb, die gerade ihre erste Englischlektion hinter sich gebracht hatte. Auch das »S« wurde wie »Sch« ausgesprochen – so ungefähr hörte sich mein Englisch nach den ersten Schulstunden an. Als ich dann in den Highlands sah, wie sich die Landwirte unter miserablen Klimabedingungen bemühten, dem kargen Boden wenigstens kleine Erträge abzuringen, wurde mir klar, warum Schotten und Schwaben ähnlich wahrgenommen werden.

Weder die einen noch die anderen sind geizig – in beiden Landstrichen waren im vorindustriellen Zeitalter die Leute einfach bitterarm. Das hat man weder in Schottland noch bei den Schwaben vergessen.

So nimmt es kaum Wunder, daß die Bewohner beider Länder zu einfachen, deftigen Mahlzeiten neigen. Das schottische Nationalgericht ist Haggins, ein Ragout aus Hammelinnereien. Nur ganz hartgesottene Festlandeuropäer haben es bisher gewagt, eine derartige Mahlzeit zu kosten. Schwaben kennen eine ähnliche Speise, die sauren Kutteln. Aus einem Rindermagen wird ein köstliches Mahl gezaubert, billig und sehr bekömmlich – für jene, die es mögen.

Die schwäbische Alb (höchste Erhebung knapp über 1000 m ü. M.) ist eine Hochfläche, auf der es, wie die Unterländer sagen, immer »einen Kittel kälter« ist, als in den Tälern von Neckar, Fils, Jagst oder Kocher mit ihrem fast mediterranen Klima.

Deswegen wächst auf den Feldern nicht so viel, Kirschbäume beispielsweise haben in dieser Höhe keine Überlebenschance. Zudem ist die Hochfläche extrem karstig. Lange Zeit mußten die Menschen im Hochsommer – wenn die Zisternen leer waren – das Wasser im Tal kaufen. Erst die königlich-württembergische Wasserleitung, die um die Jahrhundertwende fertig wurde, machte dem ein Ende.

Zu den Witterungswidrigkeiten kam noch die schwäbische Erbfolge, bei der, im Gegensatz zu anderen Regionen, Grund und Boden immer zu gleichen Teilen an die nächste Generation weitergegeben wurde. Vom Flugzeug aus sieht man die handtuchgroßen Parzellen, kein Vergleich zu den großen Feldern in Niedersachsen oder Schleswig-Holstein. Wenig Land, wenig Ertrag, also große Sparsamkeit – das war die einzige Strategie, die in der Vergangenheit eine Familie überleben ließ.

Spätzle passen genau in dieses schwäbische Klima der angewandten Sparsamkeit. Sie sind eine kostengünstige Speise. Die Herstellung benötigt weder viel Energie noch viel Zeit. Spätzle sind wiederaufbereitbar. Bleibt wirklich einmal etwas übrig, entstehen neue, Kenner sagen noch bessere, Gerichte. Kluge Hausfrauen und -männer bemessen bei der Zubereitung die Mengen großzügig, wissen sie doch um die Möglichkeit, Spätzle abends oder am nächsten Tag mit Ei anzurösten. Alle Kinder werden Sie dafür lieben, wenn zu diesem Essen genug Ketchup bereitsteht. Ich persönlich esse »angraischte« (hochdeutsch: angeröstete) Spätzle am liebsten mit einem großen Klecks saurer Sahne und frischem Pfeffer darüber. Viele Abwandlungen sind möglich: Spätzle mit Soße, Spätzle mit Ketchup, süße Spätzle mit Mohn oder Nuß, Spätzle mit Käse überbacken.

Wie macht der Schwabe seine Spätzle?

Der Spätzlefünfer
Maximal fünf Grundstoffe benötigt man zur Herstellung von guten Spätzle: Mehl, Eier, Salz, Wasser, Muskatnuß

1. Mehl
Vollkorn- oder Weißmehl? Hier prallen Lebensauffassungen aufeinander. Die einen finden es aus Gesundheitsgründen unmöglich, überhaupt an Weißmehl zu denken. Für die Weißmehlverzehrer schmecken Vollkornspätzle nach Sägemehl, ein Verzehr kommt deshalb für sie nicht in Frage.

Die Wahrheit liegt sicher irgendwo in der Mitte. Es stimmt natürlich, daß Vollkornspätzle, vielleicht sogar hergestellt aus frisch gemahlenem Getreide, gesund sind. Uns allen ist klar, daß Ballaststoffe das körperliche Wohlbefinden fördern. Richtig aber ist auch – oder bilde ich es mir nur ein? –, daß zu einem guten Stück Fleisch goldene Weißmehlspätzle besser passen als die braunen Vollkornverwandten.

Darüber hinaus gibt es besonderes Spätzlemehl. Es hat eine spezielle Körnung und soll Spätzle besser gelingen lassen. So oder so: Mehl, direkt vor dem Verbrauch gemahlen, beinhaltet mehr Nährstoffe als jenes, das vor Monaten in der Mühle war und im Handel auf seinen Verkauf wartet.

Ein Wort zu der Getreideaufbewahrung zu Hause. Gesundes Korn mundet nicht nur Menschen. Im Keller finden sich putzige, kleine Feinschmecker, die den

Getreidesack öffnen, um für sich selbst und die Lieben im Mäusenest daheim Nahrung zu besorgen. Leider ist es nicht nur der Verlust der Körner, der den Verbraucher ärgert. Auch die nichtverwertbaren Zellstoffe werden von den grauen oder braunen Pelztieren direkt vor Ort entsorgt. Sie finden dann schwarze, korngroße Teile. Das sind keine gefärbten Getreidekörner!

Andere Schädlinge sind die fast schon ausgestorben geglaubten gemeinen Mehlfliegen. Sie legen ihre Eier in das Korn und lassen im Getreide ihren Nachwuchs schlüpfen. Deshalb sollten Sie die Spätzlerohstoffe am Besten in Plastik- oder Holzgefäßen aufbewahren. Sicherheitshalber empfehle ich, Getreideproben vor dem Mahlen auf ein weißes Papier zu streuen. Wenn sich dann einzelne Körner bewegen, wissen Sie, daß Ihr Getreide lebt!

Traditionelle Spätzle werden hauptsächlich aus Weizenmehl hergestellt. Mit einer Beimenge aus Roggen-, Dinkel- oder Emmermehl erhalten sie einen fast nußartigen Geschmack.

Dinkel und Emmer sind alte Weizenarten. Sie sprechen nicht auf Überdüngung an, sind widerstandsfähiger als viele neugezüchtete Arten und spielen in der ökologischen Landwirtschaft eine große Rolle. Biospezialisten sei gesagt, daß Grünkern eine halbreife Art des Dinkels ist.

Dinkel findet sich mittlerweile im Handel als sehr wohlschmeckender Reisersatz. Wenn ein Gericht unbedingt ohne Spätzle sein soll, dann schlage ich Dinkelkörner, in Salzwasser gekocht, vor.

Das beste Getreide, aus dem Spätzle gemacht werden können, wächst auf den rauhen Höhen der Schwäbischen Alb, des Welzheimer Waldes oder auf den hochgelegenen Anbauflächen des Schwarzwaldes. Hier ist das Wasser knapp, das Klima rauh und das Licht intensiv. Dadurch entwickelt das Getreide seinen besonderen Geschmack und einen hohen Kleberanteil.

Vor zwei Jahrzehnten wurde über Emmer- und Dinkelanbauer noch gewitzelt; mittlerweile hat sich dieses Getreide jedoch bei den landwirtschaftlichen Erzeugern in 600 bis 800 m Meereshöhe durchgesetzt. Ende August sticht die Farbe des rötlichen Dinkel überall auf der Schwäbischen Alb aus dem Gold des Weizens heraus.

Es lohnt sich, einen kleinen Ausflug zu unternehmen, um sich von dem Anbau des Getreides zu überzeugen, und danach in einer der guten Wirtschaften auch gleich die Produkte zu testen.

2. Eier

Gute Spätzle werden aus guten Eiern hergestellt. Das klingt logisch, ist es auch, wird jedoch von sparsamen Schwaben oft nicht eingesehen. Verzichten Sie auf Eier, die von Hühnern produziert wurden, die in engen Legebatterien kaum Platz zum Atmen haben. Vollgestopft mit Medikamenten werden sie zu gequälten Legemaschinen.

Glückliche Hühner legen bessere Eier. Gute Eier machen glückliche Spätzleesser. Testen Sie es selbst. Kaufen Sie ein Ei aus einer Legebatterie und eines von Bauern, bei denen die Hennen über den Misthaufen spazieren. Sie werden den Unterschied sofort schmecken, gleich, ob Sie das Ei »solo« essen oder in den Spätzleteig verarbeiten.

3. Salz

Spätzle benötigen Salz. Salz wird in Spätzlealemania in Schwäbisch Hall oder Bad Friedrichshall abgebaut. Ein Ausflug ins Salzbergwerk Bad Friedrichshall bei Heilbronn ist sehr lehrreich. Zum einen kann man sich vorstellen, welche Mengen an

Salz aus den großen unterirdischen Hallen herausgesprengt wurden. Zum anderen werden Kinder ihre Freude daran haben, wenn sie mit dem Bergwerksaufzug in die Tiefe fahren dürfen, um Spaziergänge im Untergeschoß unserer Erdkruste zu machen.

Für manche Spätzlekenner und -macher ist hier die Aufzählung der Zutaten für gute Spätzle bereits zu Ende. Die Mehrzahl der »Spätzialisten« jedoch benötigt noch zwei weitere Beimengungen.

4. Wasser

In den Spätzlesteig kommt Wasser. Manche geben anstatt dessen einfach noch mehr Eier in das Gemisch. Im Normalfall jedoch wird der Teig mit Wasser geschmeidig gemacht – doch dazu später mehr. Leitungswasser ist im übrigen vollkommen ausreichend.

5. Muskatnuß

Eine Muskatnuß ist die Frucht des Muskatnußbaums. Er hat seine Heimat in der südostasiatischen Inselwelt und ist dort als Baum mit maiglöckchenähnlichen Blüten bekannt. Seine Frucht ist ungefähr so groß wie ein Pfirsich. Die Muskatnuß ist der Kern dieser Frucht, er wird getrocknet und dann als Gewürz verwendet.

In vielen schwäbischen Haushalten kommt Muskatnuß zum Einsatz. Zur Suppe wird die Reibe mit dem exotischen Fruchtkern gereicht, damit der Gast nach Bedarf nachwürzen kann. In Spätzle wird je nach Gusto ein klein wenig Muskatnuß dazugerieben.

Das Spätzle-Werkzeug

1. Spätzlebrett und Spätzleschaber

Echte Spezialisten schaben ihre Spätzle vom Brett. Schwäbische Historiker behaupten nach dem Genuß von drei oder vier Glas Trollinger, daß die Technik des Spätzleschabens auf eine vorgeschichtliche Zeit zurückgehen würde – damals, als das Rad noch nicht erfunden worden war. Denn als der Nudelteig noch nicht ausgerollt werden konnte – zum Rollen gehört ja das Grundlagenwissen über das Rad –, waren Spätzle die einzige Möglichkeit Eier und Mehl in einer Komposition zu vereinen.

Andere halten die Erfindung des Spätzlebrettes für ein Zeichen schwäbischen Geizes. Denn Spätzlebrett und -schaber sind im Gegensatz zu einem Spätzledrucker recht billig. Außerdem sind die beiden Werkzeuge sehr schnell gereinigt.

Leider ist das Spätzleschaben fast in Vergessenheit geraten. Immer weniger jungen Frauen und jungen Männern wird von ihren Eltern diese wichtige Technik beigebracht. Ein Appell an alle Leser: Schaben Sie die Spätzle, lassen Sie diese Kunst nicht aussterben! Aufwendig kochen kann mit dem entsprechenden Kochbuch jede/r – Spätzleschaben dagegen nur der geübte (Hobby-)koch.

Achten Sie beim Kauf eines Spätzlebrettes auf das angespitzte Brettende. Auch muß das Teil völlig eben sein, ebenso der Spätzleschaber. Profis schaben die Spätzle mit einem Spatel. Sehr beeindruckend sind schwäbische Hausfrauen, die ein ganz normales Schneidbrett und ein ganz normales Messer dazu benutzen. Sie sind die echten Künstlerinnen.

Der Teig wird ausgerollt, in ca. 3 bis 4 mm große Abschnitte geteilt und mit geübtem

Griff in das kochende Wasser befördert. Bei den ersten Übungen sollten Sie mindestens 30 Prozent Fehlversuche einkalkulieren. Ein Trick: Vor dem Schaben das Brett mit dem bereits aufgestrichenen Teig kurz ins heiße Wasser halten. Wer einmal das Spätzleschaben beherrschen gelernt hat, kann mit Recht zu den Kunstköchen gezählt werden.

2. Der Spätzlehobel

Mit diesem Gerät ist Innovation in die heimischen Küchen gekommen. Vor allem im Allgäu beheimatet, werden damit die Verwandte der Spätzle, die sogenannten »Knöpfle« hergestellt. Der Teig kommt in einen fahrbaren Schlitten, der über einem Lochblech rhythmisch hin und her bewegt wird. Das durch die Öffnung fallende Spätzlematerial gerät bei genügender Zielgenauigkeit in das kochende Wasser und erstarrt dort zu der köstlichen Bratenbeilage.

3. Der Spätzledrucker

Das bevorzugte Instrument der gemeinen Spätzleköche. Der Teig wird mit großer Muskelkraft durch die Löcher des Spätzledruckers direkt in das kochende Wasser gepreßt. Sieht man im Südwesten unserer Republik einen der muskelbepackten Herren im T-Shirt oder, noch unverhüllter, in öffentlichen Freibädern, dann darf geraten werden, ob der stählerne Oberkörper durch den Umgang mit Kraftmaschinen oder auf natürlichem Wege durch den Spätzledrucker entstanden ist. Stimmen aus Österreich behaupten, Arnold Schwarzenegger hätte sich seinen Filmbody in einem schwäbischen Restaurant antrainiert. Frauen, die mit dem Küchentrainer umzugehen wissen, erfahren eine Verbesserung ihrer Figur auf natürlichem Weg – auf Einzelheiten will ich hier nicht eingehen.

Beim Kauf des Spätzledruckers sollten Sie auf folgende Punkte achten:

Material
Bevorzugen Sie Metalldrucker. Es werden zwar auch Kunststoffgeräte angeboten, die Bruchgefahr scheint mir jedoch sehr hoch.

Reinigungsfreundlichkeit
Die beiden Hebel sollten auseinandergenommen werden können, ohne daß der Splint (kleiner Metallstift) verloren gehen kann. Es sind Produkte am Markt, in denen die beiden beweglichen Hebelarme geschickt eingehakt werden. Damit paßt das Instrument auch sehr gut in die Spülmaschine – ebenfalls ein Aspekt, der berücksichtigt werden muß.

Oberfläche
Eine silbrig polierte Oberfläche läßt sich auch in der Spülmaschine reinigen – sie wird dort aber grau (korrodiert).

4. Spätzlesieb
Es ist fast eine Katastrophe, daß diese gute Idee nicht aus dem Schwabenlande stammt. Ein Spätzlesieb der Firma Fissler kommt aus Idar-Oberstein, einem Ort in Rheinland-Pfalz. Das Gerät mit Namen »Spätzle-Blitz« ist nicht ganz billig, aber durchaus in der Lage, die Herstellung von Spätzle zu revolutionieren. Nur der Preis von fast 50 Mark schreckt den sparsamen Schwaben noch etwas.

Die Gebrauchsanweisung empfiehlt das Gerät vor allem Leuten, die das Spätzleschaben nicht beherrschen. Ich finde darüber hinaus, daß es leicht sauber gemacht werden kann. Also wird sich auch der Personenkreis, der aus Reinigungsgründen lieber zum Schaben neigt, das Sieb näher ansehen.

Sonstige Utensilien

Um den Teig herzustellen, benötigen Sie ein Gefäß mit ca. 20 cm Durchmesser und ca. 15 cm Höhe, vorzugsweise aus Plastik.

Ebenso ist ein Rührlöffel mit Loch in der Mitte notwendig. Kaufen Sie am besten gleich drei Stück, denn die Bruchgefahr bei erhöhter Rührbelastung durch einen zu festen Teig ist groß.

Auch einen Heber zum Entnehmen der Spätzle aus dem kochenden Wasser brauchen Sie. Mit einem *Drahtheber* wurden bis jetzt die besten Erfahrungen gemacht, da hier das Wasser vollständig ablaufen kann und die Spätzle fast trocken in eine Servierschüssel gelegt werden können.

Das Spätzle-Grundrezept

Pro Person benötigen Sie 100 g Mehl und ein Ei. Bei vier Essern können Sie aber auch ruhig 500 g Mehl und fünf Eier nehmen; Nachschöpfer wird es immer geben.

Dazu müssen Sie eine Prise Salz, ca. 1/8 – 1/4 l Wasser und je nach Geschmack eine Muskatnuß nebst entsprechender Reibe bereithalten.

Sie geben das gesiebte Mehl in eine Rührschüssel. Sollten Sie das Getreide frisch mahlen, ist zusätzliches Sieben des Mehls nicht erforderlich. Stellen Sie die Getreidemühle auf die feinste Stufe.

Fügen Sie nun die frisch aufgeschlagenen Eier hinzu. Mein Tip: Geben Sie den Eiinhalt zuerst in eine Tasse und dann erst in die Schüssel. Denn es kann mal vorkommen, daß ein Ei nicht mehr ganz so frisch ist. Bei einem verdorbenen Exemplar sind Sie ansonsten gezwungen, den kompletten Schüsselinhalt zu entsorgen.

Geben Sie jetzt ca. 10 cl Wasser hinzu und beginnen Sie den Teig zu schlagen. Nicht zu zaghaft; der Schüsselinhalt braucht es so. Je nach Mehlsorte muß unterschiedlich viel Wasser beigemengt werden. Sobald der Teig Blasen wirft und sich ziehen läßt, ist er genau richtig. Sollten Sie zuviel Wasser beigegeben haben, fügen Sie einfach noch etwas Mehl hinzu. Sie werden mit der Zeit das entsprechende Händchen für gute Spätzle bekommen.

Lassen Sie nun den Teig etwas ruhen. Sie können in der Zwischenzeit das Wasser auf den Herd stellen und warten, bis der Inhalt sprudelnd kocht. Stellen Sie neben den Heißwassertopf eine Schüssel mit kaltem Wasser.

Und so geht es weiter:

Mit dem Spätzledrucker

Pressen Sie den Inhalt eines zu drei Vierteln gefüllten Spätzledruckers in das kochende Wasser, und schöpfen die köstlichsten Nahrungsmittel der Welt sofort ab, wenn sie nach oben schwimmen.

Mit dem Spätzlehobel

Die Verfahrensweise ist ähnlich wie beim Spätzledrucker. Füllen Sie das Teigreservoir jedoch ganz und hobeln Sie die Spätzle ins sprudelnd kochende Wasser.

Mit dem Spätzleschaber

Entnehmen Sie mit dem Schaber soviel Teig, wie auf ihn paßt, ohne daß die Masse zur Seite hinunterläuft. Streichen Sie nun die Masse auf das Spätzlebrett und »schaben« Sie die Teile in das heiße Wasser. Wenn Sie das Spätzlebrett mit Teig zuvor für eine Sekunde ins kochende Wasser halten, wird das Schaben einfacher. Halten Sie den Schaber in einem Winkel von ungefähr 30 Grad.

Achten Sie darauf, daß Sie nicht aus Versehen den heißen Topf oder Topfinhalt berühren. Schöpfen Sie fertige Spätzle, die sich in Richtung Wasseroberfläche orientiert haben, immer gleich ab.

Am Anfang sehen die handgefertigten Spätzle noch sehr ungleichmäßig aus; Sie werden auch ein paar »Mehlbollen« dabei haben. Mit der Zeit werden Sie jedoch feststellen, daß der höhere Zeitaufwand des Spätzleschabens schnell durch die Einsparung an Reinigungsaufwand des Geschirrs und durch positive Resonanz seitens der Gäste ausgeglichen wird. Und nicht zuletzt: Geschabte Spätzle sind Stück für Stück ein Unikat. Mit jeder Gabel nehmen Sie etwas Einzigartiges auf.

Mit dem Spätzlesieb
Die Handhabung ist einfach. Vor Gebrauch muß der Spätzle-Blitz mit kaltem Wasser abgewaschen werden, dann wird er auf einen Topf mit kochendem Wasser gelegt. Der Teig wird mit dem dazugehörigen Schaber einfach durch die Öffnungen in das kochende Wasser gestrichen.

Schrecken Sie die Spätzle nach der Entnahme aus dem heißen Topf in kaltem Wasser kurz ab und geben Sie sie in eine Servierform. Durch das Eintauchen in kaltes Wasser fallen sie beim anschließenden Verzehr ganz locker von der Gabel; Nachteil dabei ist, daß die Spätzle rasch auskühlen. Bei schlechtem Timing können Sie die Spätzle notfalls ins Backrohr oder in die Mikrowelle geben. Sehr gut schmecken Spätzle auch, wenn Sie nach dem Abschrecken in einer Pfanne in zerlassener Butter geschwenkt werden.

Anstatt sie in kaltes Wasser zu tauchen, können Sie die Spätzle unabgeschreckt in eine Servierschüssel geben und nach jedem Fertigungsgang ein paar Butterflöckchen unterheben.

Wer sich selbst oder seinen Gästen etwas Besonderes bieten will, kann die Spätzle mit angerösteten Semmelbröseln servieren. Das sieht toll aus, schmeckt auch so und ist ganz leicht zu bewerkstelligen.

Semmelbrösel stellt man her, indem hart gewordenes Weißbrot gemahlen wird. Es gibt sogar richtige Semmelbröselmaschinen – ein guter Geschenktip für die Leute, die schon alles haben. Wenn Sie Ihre Backwarenreste nicht recyceln wollen, können Sie Semmelbrösel natürlich auch beim Bäcker oder als Paniermehl im Lebensmittelladen kaufen.

Geben Sie 2 Eßl. Butter in eine kleine Pfanne und lassen Sie sie auf mittlerer Hitze schmelzen und ruhig etwas braun werden. Dann fügen Sie ca. 4 Eßl. Semmelbrösel hinzu und bräunen die Mischung unter stetigem Rühren. Achten Sie darauf, daß nichts anbrennt.

Nach ca. 6 – 7 Minuten sind die gebräunten Brösel fertig. Halten Sie sie bis zum Servieren der Spätzle auf kleinster Hitze warm und geben Sie die Masse dann auf die fertigen Spätzle.

Und nun servieren Sie die dampfenden, duftenden, selbst hergestellten Teigwaren unter dem »Ahh« und »Ohh« Ihrer Gäste.

Guten Appetit!

Halt, ein sehr wichtiger Hinweis.

Bitte vergessen Sie nicht, alles Geschirr und Kochgerät, das Sie benutzt haben, sofort zu reinigen. Und dies am besten nicht mit allzu heißem Wasser, denn sonst werden die Teigreste fest.

Wird dieser Hinweis berücksichtigt, ist der Aufwand, Spätzle selbst herzustellen, kaum größer, als Nudeln aus dem Päckchen aufzukochen. Spätzle schmecken nur wesentlich besser – aber das wissen Sie ja bereits.

Käsespätzle mit Schinken

500 g Spätzle (nach Grundrezept S. 33)
200 g Käse (Emmentaler oder Bergkäse)
1 Stange Lauch
200 g gekochter Schinken (kleingeschnitten)
100 g Butter
Pfeffer, ggf. 1 Zehe Knoblauch, fein zerdrückt

Dämpfen Sie den kleingeschnittenen Lauch in der Butter und geben Sie nach ca. 5 Minuten den Schinken hinzu. Lassen Sie alles etwa 2 weitere Minuten bei mittlerer Hitze weiterdämpfen. Wenn Sie wollen, dürfen Sie auch eine halbe oder ganze Zehe Knoblauch dazugeben, dann mit Salz und Pfeffer abschmecken. Anschließend stellen Sie den Topf beiseite.

Stellen Sie nun Spätzle nach dem Grundrezept her, und buttern Sie, nachdem Sie den Teig gerührt haben, eine feuerfeste Form aus. Jede Spätzleportion, die Sie aus dem kochenden Wasser holen, heben Sie nun in die Form und geben nach jeder Schicht die Mischung aus Lauch und Schinken dazu und streuen grob geriebenen Käse darüber. Zum Schluß geben Sie den restlichen Käse auf die letzte Spätzleschicht und schieben alles 20 Minuten in einen vorgeheizten Backofen, bei ca. 180° C. Dazu paßt – vor allem wenn Kinder mitessen – Tomatensoße (Rezept siehe unter dem Kapitel »Der Schwabe und seine Soße«) sowie grüner Salat oder Ackersalat. Als Getränk empfehle ich Mineralwasser oder einen trockenen Sylvaner – natürlich aus Württemberg.

Käsespätzle – deftig

500 g Spätzle (nach Grundrezept, S. 33)
200 g Käse (Emmentaler oder Bergkäse)
2 Zwiebeln
200 g Rauchfleisch
100 g Butter

Die Zwiebeln in der Butter mit dem kleingeschnittenen Rauchfleisch glasig dünsten. Nicht würzen. Verfahren Sie jetzt wie bei dem Rezept zuvor.

Dazu schmeckt ebenfalls Tomatensoße sowie Endiviensalat. Als Getränk würde ich zu Apfelsaftschorle, trockenem Trollinger oder Südtiroler Edelvernatsch raten.

Käsespätzle mit Limburger und Rauchfleisch

500 g Spätzle (nach Grundrezept, S. 33)
250 g Limburger, 40 %
2 Zwiebeln
200 g Rauchfleisch (kleingeschnitten)
100 g Butter

Das Rezept unterscheidet sich vom vorherigen nur durch die Wahl der Käsesorte. Nicht jeder schätzt den strengen Geruch von Limburger in der Wohnung, aber ich mag dieses Essen nach einer langen Wanderung oder einem Skiausflug. Wenn ich dann richtig durchgefroren und hungrig nach Hause komme, die zuvor vorbereiteten

Käsespätzle ins Rohr schiebe, ihnen neben einer kleinen Dosis Mikrowelle noch 30 Minuten Backofenumluft verpasse, ist die Welt rundum in Ordnung.

Ich kaufe den oben genannten Käse bei Aldi. In meiner Gegend gibt es ihn dort von den Milchwerken Geislingen eG., einem Genossenschaftsbetrieb, der die Milch der schwäbischen Milchkühe zur Herstellung seiner Produkte nutzt.

Dazu schmeckt eine Apfelsaftschorle, Bratbiramoscht (siehe unter Getränke) oder aber auch Bier.

Zum Nachtisch empfiehlt sich bei diesem Essen – gänzlich unschwäbisch – eine Kiwi oder ein Stück frische Ananas. Beide Früchte machen die Mahlzeit etwas bekömmlicher. Dies sei um so mehr angeraten, da man bei guten Käsespätzle nicht mehr aufhören kann ...

Parmesanspätzle

600 g Spätzle (nach Grundrezept, S. 33)
200 g Parmesankäse (gerieben)
1/8 l Sauerrahm oder Crème fraîche
Butter
Salz, Pfeffer, 1–2 Zehen Knoblauch

Den Knoblauch in eine Pfanne mit Butter geben, anbraten und herausnehmen.
Die Spätzle hinzugeben und leicht anbraten. Den mit dem Sauerrahm vermischten Parmesan dazugeben und noch ca. 5 Min. weiterdünsten. Abschmecken und servieren.

Gorgonzolaspätzle (Vaters Leibgericht)

750 g Spätzle (nach Grundrezept, S. 33)
1/8 l trockener Weißwein
150 g Gorgonzola
2 Zwiebeln
60 g Butter
3 Eßl. Sahne
1/4 l Fleischbrühe
2 Eßl. Mehl
Majoran, Thymian, Salz, Pfeffer

Die Fleischbrühe und den Wein erhitzen, die klein geschnittenen Zwiebeln mit Majoran und Thymian dazugeben. Mehl in der Butter anschwitzen und mit dem Schneebesen mit der Brühe vermischen. Das Ganze bei kleiner Hitze ca. 20 Min. köcheln lassen. Nun den Gorgonzola kleinschneiden und vorsichtig der Brühe unter langsamem Rühren hinzufügen. Sobald sich der Käse aufgelöst hat, nicht mehr kochen lassen. Achten Sie darauf, daß nichts anbrennt. Mit Salz und Pfeffer abschmecken, mit der Sahne verfeinern und zu den frischen Spätzle servieren.

Original Allgäuer Kässpätzle

500 g Mehl
8 Eier
250 g alten Emmentaler oder Bergkäse
50 g Backsteinkäse (Limburger, 40% Fett i.Tr.)
Salz
50 g Butter
1 große Zwiebel

Aus Mehl, Eiern und etwas Wasser mit Salz wird ein Spätzlesteig hergestellt. Wenn vorhanden, sollten die Spätzle mit einem Spätzlehobel ins kochende Wasser gebracht werden, ansonsten kann man auch schaben oder den Spätzledrucker benutzen. Wie gewohnt entnimmt man die Spätzle sofort dem kochenden Wasser, wenn sie an die Oberfläche kommen.

Direkt nach dem Herausschöpfen werden die Spätzle in ca. 2 cm hohen Schichten in eine vorgewärmte feuerfeste Form gegeben.

Zwischen jede Lage kommt reichlich geriebener Käse, je nach Region wird ein Teil Backsteinkäse dazugemischt.

Um den Käse zu schmelzen, gibt man die Masse 7 Minuten in ein vorgeheiztes Backrohr bei ca. 150° C. Zum guten Schluß kommen oben noch geschmälzte Zwiebeln darauf.

Karäse-Spätzle

650 g Spätzle (nach Grundrezept, S. 33)
6 mittelgroße Möhren (in grobe Stifte geschnitten)
1 Eßl. Butter
120 g Kräuterschmelzkäse
1/4 l Gemüsebrühe
1/8 l süße Sahne
Salz, Pfeffer

Die Möhren in Butter andünsten. Die Brühe dazugießen und damit die Möhren sanft bißfest kochen.

Den Schmelzkäse in einer Tasse verrühren, drei Eßl. Brühe aus der Pfanne hinzugeben und die gut verrührte Masse zu den Möhren einrühren.

Kurz vor dem Servieren die Sahne dazugeben und mit Salz und Pfeffer abschmecken.

Die Spätzle entweder dazu frisch herstellen oder welche vom Vortag anrösten und mit den Möhren servieren.

Spätzle mit Schinken oder Fleisch

Schinkenspätzle

650 g Spätzle (nach Grundrezept, S. 33)
1 kleine Zwiebel
1 Bund Petersilie
250 g gekochter Vorderschinken
3 Eier
ca. 50 g Butter
Salz, Pfeffer, Muskatnuß

Den Schinken würfeln und mit den kleingeschnittenen Zwiebeln in der Butter andünsten. Dann die Spätzle dazugeben und gut vermischen. Anschließend die kleingeschnittene Petersilie dazugeben. Jetzt die verquirlten Eier mit Salz, Pfeffer und Muskatnuß abschmecken, darübergeben und stocken lassen.

Unsere Kinder lieben dieses Gericht mit Ketchup, das ist zwar vollkommen unschwäbisch – aber auch mir schmeckt es so!

Spätzlepizza

650 g Spätzle (evtl. vom Vortag, nach Grundrezept, S. 33)
5 Eier
1/4 l Sahne
50 g Butter
100 g (Vorder-)Schinken
50 g Salami
100 g Emmentaler, gerieben
2 große Tomaten (oder eine kl. Pizzatomatendose)
Oregano, Salz, Pfeffer

Die Eier mit der Sahne gut vermischen.

Spätzle in der Butter anbraten und dann mit dem kleingeschnittenen Schinken und der verquirlten Ei-Sahnemasse vermischen. Ca. 5 Minuten weiterbraten, bis die Masse leicht fest geworden ist und danach in eine feuerfeste Form geben.

Mit den Tomatenstückchen, dem kleingeschnittenen Emmentaler und der Salami wie eine Pizza belegen und würzen. Im Ofen bei 180° C ca. 15 Minuten überbacken.

Spätzleomelett

650 g Spätzle (nach Grundrezept, S. 33)
5 Eier
1/4 l Milch
100 g kleingeschnittenen Schinken
Salz, Pfeffer
ca. 50 g Butter
Schnittlauch, Petersilie

Die Spätzle mit dem Schinken in der Butter anbraten und die mit der Milch, Pfeffer und Salz verquirlten Eier darübergeben. Bei kleiner Hitze die Eiermilch stocken lassen. Die kleingeschnittenen Kräuter darübergeben und servieren. Dazu paßt grüner Salat.

Wurstspätzle

650 g Spätzle (nach Grundrezept, S. 33)
300 g Fleischwurst oder Saitenwürstchen (auch bereits einmal erhitzte!)
1 Zwiebel
ca. 50 g Butter
1 Bund Petersilie
Salz, Pfeffer
3 Zwiebeln
Butterschmalz

Zuerst die Fleischwurst häuten und in kleine Würfel schneiden oder die Saitenwürstchen in kleine Rädchen schneiden. Dann die Petersilie waschen und kleinhacken.
Die Zwiebel kleinhacken und mit den Wurststücken und der Petersilie in einer Pfanne mit Butter anbraten. Die Spätzle dazugeben, ca. 5 Minuten mitbraten und mit Salz und Pfeffer würzen. Die 3 Zwiebeln mit Butterschmalz schmälzen, darauf geben und mit grünem Salat servieren.

Cannstätter Spätzleauflauf

250 g Spätzle, handgeschabt (nach Grundrezept, S. 33)
250 g Hackfleisch
2 Zwiebeln
2 Paprikaschoten
1 Dose Tomatenmark
2 Eßl. Butter
100 g geräucherter Speck
1/4 l Rotwein; Trollinger
Salz
Paprika; edelsüß
Muskat
100 g Emmentaler, gerieben

Den Speck, die Paprikaschoten und die Zwiebeln kleinschneiden und zusammen mit dem Hackfleisch und den Gewürzen anbraten, mit dem Rotwein ablöschen und noch ca. 10 Min. leicht köcheln lassen.

Nun abwechselnd die Spätzle und das Angebratene in einer gefetteten Auflaufform schichten. Den geriebenen Käse darüber streuen und bei 180° C im Backofen ca. 30 Min. überbacken.

Spätzle mit Kalbfleisch-Ragout, Spitzmorcheln und Wirsing

650 g Spätzle (nach Grundrezept, S. 33)
500 g Kalbfleisch (z.B. Nuß oder Filet)
30 g Spitzmorcheln
150 g Wirsing
1 kleine Zwiebel
1/4 l Sahne
1 Becher Crème fraîche
1/8 l Weißwein
frische Thymianblättchen
Salz, Pfeffer, Zitronensaft, Öl

Den Wirsing waschen, entblättern, blanchieren und in kleine Stücke schneiden. Das Fleisch wird gewürfelt, die Zwiebel feingehackt, die Morcheln gut gewaschen und solange in Wasser eingelegt, bis sie weich sind. Jetzt wird das Fleisch in einem Topf in Öl angebraten, die Zwiebeln und die gut ausgedrückten Morcheln (Einweichwasser aufheben) dazugegeben, kurz angebraten und mit dem Morchelwasser und dem Weißwein abgelöscht. Die Sahne wird aufgegossen und das Fleisch bei mittlerer Hitze weich gegart. Zum Schluß wird die Sauce mit Salz, Pfeffer, der Hälfte der Crème fraîche und dem Zitronensaft abgeschmeckt und mit dem Wirsing vermischt. Die Spätzle werden mit dem Fleischragout angerichtet und der anderen Hälfte der Crème fraîche und den Thymianblättchen garniert.

Geschnetzeltes mit Spätzle

650 g Spätzle (nach Grundrezept, S. 33)
4 Schweineschnitzel
4 Eßl. Sojasoße
2 cl Sherry
schwarzer Pfeffer, frisch gemahlen
2 Zwiebeln
500 g Tomaten
2 Eßl. Margarine
1/2 Würfel Bratensoße
1/8 l Weißwein
Salz, weißer Pfeffer, Majoran
1 Eßl. Butter
100 g geriebener Käse

Schnitzel unter kaltem Wasser abwaschen, trockentupfen und in Streifen schneiden. In einer Schüssel Sojasoße, Sherry und etwas Pfeffer mischen, die Fleischstreifen zugeben und kurze Zeit marinieren. Zwiebeln schälen und hacken, Tomaten mit heißem Wasser überbrühen, häuten und achteln. Fleisch gut abtropfen lassen und in heißer Margarine von allen Seiten anbraten, Zwiebeln zufügen. Soßenwürfel in heißem Wasser auflösen, mit dem Weißwein unter das Fleisch rühren und alles 10 Min. schmoren. Nach 5 Min. Tomaten zugeben und die Masse mit Salz, Pfeffer und Majoran abschmecken. Spätzle zubereiten. Mit dem Fleisch mischen, in eine gebutterte Auflaufform füllen und mit Käse bestreuen. 15 Min. bei 200° C im vorgeheizten Ofen überbacken.

Zitronenkoteletts mit Spätzle

200 g Mehl
2 Eßl. Butterschmalz
2 Eier
4 kl. Schweinekoteletts 200 g
Salz
1 Becher Sahne
geriebene Muskatnuß
2 Tl. Butter oder Margarine
200 g Champignons
Pfeffer aus der Mühle
2 kleine Zwiebeln
1 Zitrone
2 Bund Petersilie
2 Eßl. Zitronensaft

Für die Spätzle Mehl, Ei, 4 Prisen Salz und etwas Muskat in einer Schüssel vermischen 10–12 Eßlöffel kaltes Wasser zufügen und mit einem Kochlöffel alles zu einem geschmeidigen Teig verrühren. Abgedeckt für 1/2 Stunde in den Kühlschrank stellen.

Inzwischen die Pilze waschen, putzen und feinblättrig schneiden. Die Zwiebeln schälen und in feine Würfel schneiden. Die Petersilie waschen, trockentupfen, von den Stielen zupfen und fein hacken. Die Zitrone rundum schälen und in sehr dünne Scheiben schneiden.

Das Butterschmalz in einer großen, möglichst beschichteten Pfanne erhitzen. Die Koteletts darin auf jeder Seite 6–8 Minuten braten. Das Fleisch mit Salz und Pfeffer würzen und in Alufolie wickeln.

Zuerst die Zwiebel in dem Bratfett in der Pfanne glasig dünsten, dann die Pilze zufügen und in 4–5 Minuten weich dünsten. Mit etwas Salz und Pfeffer würzen. Zwei Eßlöffel Zitronensaft und die Sahne dazugießen und die Soße etwas einkochen lassen. Die Petersilie untermischen.

Die Koteletts aus der Folie wickeln und wieder in die Pfanne zum Gemüse legen. Die Zitronenscheiben darauf verteilen.

Reichlich Salzwasser zum Kochen bringen. Den Spätzleteig noch einmal durchrühren und durch einen Spätzlehobel oder eine Spätzlepresse in das Wasser drücken. Sobald die Spätzle an der Oberfläche schwimmen, sind sie fertig. In ein Sieb abgießen, kurz kalt abschrecken und in eine Schüssel füllen. Die Butter untermischen.

Die Zitronenkoteletts mit dem Pilzgemüse auf vier Tellern anrichten und die Spätzle dazu reichen.

Gaisburger Marsch

Man sagt zu dieser kulinarischen Komposition auch »Kartoffelschnitz ond Spätzla«. Gaisburg ist heute ein Vorort von Stuttgart. In der Nähe der Ansiedlung befand sich eine Kaserne; die Soldaten marschierten von dort gern und oft in ein Gaisburger Wirtshaus, um ein von ihnen ganz besonders geschätztes Gericht zu sich zu nehmen. Später erhielt diese Spezialität den Namen »Gaisburger Marsch«.

400 g Spätzle (nach Grundrezept, S. 33)
300 g in pommesartige Stifte geschnittene rohe Kartoffeln

Für die Brühe
300 g Rinderfleischknochen oder Kalbsknochen
2 mittelgroße Möhren
1/4 Sellerieknolle
1 Bund Petersilie
200 g Siedfleisch (Tafelspitz)

Für die Schmelze
30 g Butter
1 Zwiebel
Salz, Pfeffer, Muskat

Geben Sie die Rinderknochen in 2 l kaltes Wasser und lassen Sie sie ca. eine halbe Stunde ziehen. Fügen Sie nun einen Eßl. Salz, den Sellerie und die Möhren hinzu und lassen Sie alles ca. 70 Minuten köcheln. (Ersatzweise 30 Min. im Dampfkochtopf).

Schöpfen Sie zwischendurch immer wieder den Schaum ab. Gießen Sie anschließend alles durch ein feines Sieb, damit die Knochen nicht in der Suppe verbleiben.

Wer will, gibt die Gemüseanteile in die Suppe zurück.

Nun kommt das Rindfleisch hinzu. Es sollte zuvor so geschnitten werden, daß es später mit dem Löffel gegessen werden kann. Kochen Sie die Suppe bei guter Hitze ca. 10 Minuten. Jetzt noch die Kartoffeln hinzugeben, weichkochen und zum Schluß die Spätzle kurz hineingeben.

Derweil dämpfen (schmälzen) Sie die feingeschnittene Zwiebel in der Butter glasig.

Zum Schluß schmecken Sie den Gaisburger Marsch mit Salz, Pfeffer (sparsam!) und Muskat ab. Servieren Sie ihn mit den frisch geschmälzten Zwiebeln. Dazu paßt Bier.

Eingemachtes Ländlekalb mit Spinatknöpfle

800 g Kalbsschulter; in Würfeln
2 l Wasser
30 g Sellerieknole
1 kl. Lauchstange
Salz
10 Pfefferkörner
1 Zweig frischer Rosmarin
1 Salbeiblatt
1 Lorbeerblatt
150 g Butter
200 Mehl
3/8 l Milch
1 l vom zurückbehaltenen Sud
1/16 l Weißwein
Saft von 1/2 Zitrone
Safran, einige Fäden davon
1/8 l Sauerrahm
100 g Karotten
100 g Kohlrabi
100 g Zucchini

Für die Spinatknöpfle
450 g Universalmehl
2 Eßl. Butter
3 Eßl. Spinat, Passiert
4 Eier
1/4 l Milch
Salz, nach Geschmack
Muskatnuß, gerieben
Butter zum Schwenken

Für den Sud Sellerie und Lauch mit Pfefferkörnern, Lorbeerblatt, Rosmarin, Salbeiblatt und Salz ca. 15 Min. im Wasser kochen lassen, dann das würfelig geschnittene Fleisch dazugeben, nochmals ca. 1 Stunde kochen lassen.

Für die Sauce Bechamel Butter zergehen lassen, Mehl unterrühren, helle Einbrenne bereiten, mit kalter Milch und der angegebenen Menge vom abgeseihten, erkalteten Sud aufgießen und aufkochen lassen, dabei öfter umrühren. Das gegarte Fleisch dazugeben, mit Weißwein, etwas Zitronensaft und Safran würzen, die Sahne einrühren und mit den gekochten, kleinwürfelig geschnittenen Gemüsen anrichten.

Für die Spinatknöpfle das Mehl mit der geschmolzenen Butter, dem Spinat, den Eiern, der Milch und den Gewürzen zu einem glatten Teig verrühren.

Den Teig durch ein groblöcheriges Sieb (Spätzlehobel) in kochendes Salzwasser drücken und ca. 2 Min. kochen, danach mit kaltem Wasser abschrecken.

Vor dem Servieren in heißer Butter schwenken und eventuell nachwürzen.

Trollingerbraten mit Spätzle

650 g Spätzle (nach Grundrezept, S. 33)
1 kg Rinderschulter
50–70 g Butterschmalz oder gutes Pflanzenfett
0,3 l Fleischbrühe
1 Becher Crème fraîche (oder saure Sahne bzw. eine Packung Sahnefrischkäse)
1/2 Teel. Zucker

Für die Beize
1/2 l Trollinger (trocken!)
3 Eßl. Balsamico oder normalen Weinessig
1 Zwiebel
1 Nelke (unbedingt!)
2 Lorbeerblätter
2 mittlere Möhren
1/2 Selleriewurzel
Salz, ca. 10 Pfefferkörner

Zubereitung der Beize
Schneiden Sie das Gemüse in kleine Teile und kochen Sie es mit den restlichen Zutaten sowie einem knappen halben Liter Wasser für die Beize auf. Spezialisten geben die Pfefferkörner, die Nelke und das Lorbeerblatt in ein Tee-Ei. Lassen Sie nun die Flüssigkeit in einem Topf vollständig erkalten.

Bereits während der Zubereitung der Beize beginnt ein intensiver Duft das ganze

Haus zu erfüllen. Schon jetzt läßt sich erahnen, welche Köstlichkeit in wenigen Tagen auf dem Tisch stehen wird.

Legen Sie das Fleisch drei Tage in diese Beize. Den abgedeckten Topf stellen Sie in den Kühlschrank. Achten Sie darauf, daß die Flüssigkeit das Fleisch vollständig bedeckt.

Anschließend entnehmen Sie das Fleisch, lassen es gut abtropfen und tupfen es zusätzlich mit einem Küchentuch trocken. Würzen Sie es mit Salz und Pfeffer und braten es in heißem Fett scharf an allen Seiten an. Löschen Sie es danach vorsichtig mit der Beize und lassen es ca. 35 Minuten im geschlossenen Dampfkochtopf schmoren. Und falls man keinen Druckkochtopf hat, läßt man das Fleisch bei kleiner Hitze ca. 1 1/2 Std. im Bräter schmoren.

Heben Sie das Fleisch aus der Soße, stellen es warm und reduzieren Sie die Flüssigkeit bei mäßiger Hitze. Die verbliebenen Gemüsestücke können mit einem Pürierstab oder einem Mixer zerkleinert werden. Achten Sie darauf, daß die Pfefferkörner, die Nelke und das Lorbeerblatt nicht mitgemixt werden. (Entweder Sie haben den Trick mit dem Tee-Ei angewandt oder Sie gießen die Soße durch ein Sieb). Jetzt Zucker, Senf und Brühe dazugeben, kurz aufkochen lassen und je nach Bedarf mit Salz und Pfeffer abschmecken. Zum Schluß Crème fraîche dazugeben.

Schneiden Sie das Fleisch in Scheiben und erwärmen es vorsichtig in der Soße.

Dazu reichen Sie die Spätzle und eventuell Blaukraut. Trinken Sie dazu den gleichen Wein, den Sie für die Beize genommen haben.

Krautspätzle

650 g Spätzle (nach Grundrezept, S. 33)
400 g Sauerkraut
evtl. 100 g kleingeschnittenen Lauch
50 g Bauchspeck oder Schinken
40 g Schweineschmalz oder Butter

Rösten Sie den kleingeschnittenen Bauchspeck (Schinken) und den Lauch mit Fett in einer Pfanne, geben Sie das Sauerkraut hinzu und braten Sie es kräftig an. Danach geben Sie die Spätzle hinein, und braten so lange weiter, bis die ersten braunen Stellen an den Spätzle zu finden sind.

Man serviert die Krautspätzle zu Schweinebraten oder ganz einfach solo. Dazu paßt Bier.

Krautspätzle

1 große Zwiebel
150 g Schweineschmalz
500 g Sauerkraut
1/8 l Fleischbrühe
1 Prise Zucker
500 g Spätzle (nach Grundrezept, S. 33)
Salz

Die abgezogene Zwiebel in hauchdünne Ringe schneiden und in 50 g Schmalz andünsten. Das locker gezupfte Sauerkraut dazugeben, mit Fleischbrühe auffüllen, mit Zucker würzen und 20–30 Min. köcheln lassen. Die Flüssigkeit soll ganz verdunstet sein.

Inzwischen die Spätzle im restlichen Schweineschmalz goldbraun braten, leicht salzen und vor dem Servieren mit dem Kraut mischen.

Anmerkung: In einer Gaststätte habe ich die Spätzle-Krautmischung noch mit (Emmentaler?)-Käse bestreut und im Ofen überbacken gegessen, was zwar dem Original nicht so ganz entspricht, aber vorzüglich schmeckte.

Krautspätzle

650 g Spätzle (nach Grundrezept, S. 33, gerne auch vom Vortag)
250 g gekochtes Sauerkraut
100 g Bauchspeck
50 g Butter- oder Schweineschmalz.
Salz

Braten Sie den kleingeschnittenen Bauchspeck in Schmalz an und geben Sie das Kraut und die Spätzle hinzu.

Rösten Sie alles gut an, einzelne Spätzle sollten ein wenig gebräunt aussehen und servieren Sie heiß.

Das Essen schmeckt aufgewärmt noch besser. Erfahrene Köche oder Köchinnen kochen Krautspätzle deswegen bereits am Vortag, dann kann über Nacht alles gut durchziehen.

Leberspätzle

250 g Kalbs- oder Rinderleber
250 g Mehl
2 Eier
Salz, Pfeffer, Muskat

Die Leber von Haut und Sehnen befreien und durch den Fleischwolf drehen.

Leber, Mehl, Eier und die Gewürze zu einem geschmeidigen Teig verarbeiten und die Spätzle wie im Grundrezept beschrieben herstellen. Mit in Butter gerösteten Zwiebeln übergießen.

Dazu paßt gut ein grüner Salat.

Wolfis Linsengemüse mit Spätzle

650 g Spätzle (nach Grundrezept, S. 33)
500 g Tellerlinsen
200 g geräucherter, durchwachsener Speck
2 Zwiebeln (ca. 100 g)
2 Knoblauchzehen
3 Möhren (ca. 200 g)
1/4 Sellerieknolle (ca. 200 g)
alternativ zu Möhren und Sellerie: 400 g Suppen-Gemüse
2 Eßl. Tomatenmark
1 Würfel klare Fleischsuppe oder Gemüsebrühe

2 Würfel klarer Bratensaft
1 Lorbeerblatt
2 Nelken (in das Lorbeerblatt spicken)
Salz, Pfeffer, Zucker, Essig
Butterschmalz/Bratfett/Öl

als Einlage: 4 gekochte (Frankfurter) Rippchen und 4 Saiten-(Frankfurter/Wiener) Würstchen, alternativ: Kassler, Cabanossi, Kochmettwurst

Linsen in einer Schüssel mit kaltem Wasser säubern, zum Abtropfen in ein Sieb schütten. Speck, Möhren und Sellerie in kleine Würfel schneiden (alternativ Suppengemüse zerkleinern), Knoblauch und Zwiebeln fein würfeln. Speckwürfel mit etwas Fett bei mittlerer Hitze anbraten. Zwiebeln und Knoblauch zugeben und mit dem Speck goldbraun braten. Gemüse hinzugeben und kurz mitbraten. Abgetropfte Linsen dazugeben, ca. 1 l Wasser aufgießen, Tomatenmark, Fleischsuppe- und Bratensaftwürfel zugeben, umrühren und zum Kochen bringen. Lorbeerblatt mit Nelken hinzufügen und bei geringer Hitze 1 Stunde zugedeckt köcheln lassen. Hin und wieder umrühren.

Kochmettwürste sofort zugeben; Kassler nach 30 Minuten; Cabanossi, Rippchen, Würstchen nach 45 Minuten zugeben. Mit Salz, Pfeffer, Zucker und Essig abschmecken. Essig zum Nachwürzen auf den Tisch stellen.

Rotweinlinsen mit Hirschgulasch

2 Zwiebeln
3 Eßl. Öl
600 g Hirschgulasch
580 ml Ananasstücke
1/2 l klare Brühe
1/2 l trockener Rotwein
1/4 l Wasser
250 g Linsen; getrocknet
1 Lorbeerblatt
4 Gewürznelken
2 Porreestangen
Salz, Cayennepfeffer
650 g Spätzle (nach Grundrezept, S. 33)

Zwiebeln schälen und würfeln. Gulasch im heißen Öl kräftig anbraten. Herausnehmen. Zwiebeln im Bratfett glasig dünsten.

Ananas abtropfen lassen, Saft auffangen. Brühe, Wein, Saft und Wasser in den Schmortopf gießen. Aufkochen. Linsen, Lorbeerblatt und Nelken zufügen. Zugedeckt 1 1/2 Stunden bei Mittelhitze garen. Nach 1/2 Stunde das Fleisch zugeben.

Porree putzen, waschen und in Ringe schneiden. Mit den Ananasstücken 5 Min. vor Ende der Garzeit zufügen.

Das Gericht mit Salz und Cayennepfeffer abschmecken.

Dazu Spätzle zubereiten und servieren.

Linsen mit Spätzle

500 g Linsen
200 g magerer geräucherter Bauchspeck
2 Zwiebeln, 2 Eßl. Öl
2 Eßl. Mehl
2 Lorbeerblätter
Majoran, Salz, Pfeffer, Essig
Saitenwürstle

Für die Spätzle:
4 Eier
4 Eßl. kaltes Wasser
200-250 g Mehl
(Spezial Spätzlemehl)
Salz

Linsen waschen und über Nacht in kaltem Wasser einweichen. Linsen mit Lorbeerblättern weichkochen (Wasser muß gut über die Linsen gehen, da die Linsen noch aufgehen). Zwiebel kleinschneiden und in dem mit 2 Eßl. Öl angebratenen kleingeschnittenen Speck anbraten. Mehl dazugeben und alles gut braun rösten. Die Linsen dazugeben und je nach Bedarf etwas vom Linsenkochwasser dazugeben. Würzen. Linsen können mehrmals wieder aufgewärmt werden.

Aus den Zutaten für die Spätzle einen zähen Teig schlagen, den man so lange mit dem Kochlöffel oder Knethaken bearbeitet, bis er Blasen wirft. (Falls wegen der Größe der Eier die Mehlmenge nicht stimmt, entweder etwas Wasser zugeben oder mehr Mehl nehmen.) Spätzle entweder vom Brett schaben oder mit der Spatzenpresse in kochendes Salzwasser schaben bzw. pressen. Das Wasser muß immer sprudelnd kochen, solange man die Spätzle einlegt. Sobald sie hochsteigen, nimmt man sie mit einem Schaumlöffel heraus, zieht sie durch frisches, heißes Salzwasser und richtet sie dann auf einer erwärmten Platte an. Wenn man nebenbei den Backofen auf 150° C erhitzt und etwas Butter auf die Platte tut, kann man die Spätzle während des Schabens gut warmhalten.

Linsen und Spätzle

Für die Spätzle:
375 g Mehl
2 Eier
etwas Salz

Für die Linsen:
1 Eßl. Butter
1 Zwiebel
2–3 Knoblauchzehen
1 Lorbeerblatt
250 g Linsen, eingeweicht
20 g Butter
2 Eßl Mehl
1/8 l Rotwein
etwas Rotweinessig, nach Geschmack
Salz, Pfeffer
4 Saitenwürste
4 Scheiben Rauchfleisch
(jede etwa 100 g)

Die Spätzle bereiten.

Zwiebel und Knoblauchzehen pellen, mit dem Lorbeerblatt und den Linsen in 1 l kaltes Wasser geben, langsam erhitzen, die Linsen in 35–40 Min. weichkochen.

Inzwischen in einem anderen Topf das Mehl unterrühren, braun werden lassen. Aus den Linsen Zwiebel, Lorbeerblatt und Knoblauch entfernen.

Die Linsen mit ihrer Flüssigkeit zur braunen Mehlschwitze gießen. Mit Wein, Essig, Salz und Pfeffer pikant sauer abschmecken. Die Saitenwürste darin erhitzen und das Rauchfleisch kurz mitziehen lassen. Die Spätzle dazu servieren.

Zucchinispätzle

650 g Spätzle (nach Grundrezept, S. 33)
2 mittelgroße Zucchini
2 große Tomaten bzw. eine kleine Dose geschälte Fertigtomaten
200 g Champignons, wenn möglich frisch
1 kleine Zwiebel
1 Knoblauchzehe
Petersilie
Butterschmalz oder Margarine
1 Becher Crème fraîche oder Schmand
Pfeffer und Salz

Tomaten schälen und in kleine Stücke schneiden. Zucchini kleinschneiden, Champignons in Scheiben schneiden und die Zwiebel zerkleinern. In einer großen Pfanne mit dem Butterschmalz nacheinander Zwiebel, Zucchini, Champignons, durchgepreßten Knoblauch und Tomaten anschmoren. Spätzle untermischen und abschmecken. Zuletzt Crème fraîche unterrühren und mit gehackter Petersilie bestreuen.

Champignonspätzle

600 g Spätzle (nach Grundrezept, S. 33)
1 Zwiebel
500 g Champignons
1/4 l Sahne
etwas Zitronensaft
1 großer Bund Petersilie
Pfeffer, Salz, Muskat

Die kleingeschnittene Zwiebel in Butter goldgelb anbraten. Die in Scheiben geschnittenen Champignons zufügen und ca. 10 Minuten andünsten. Sahne dazugießen und kurz aufkochen. Mit Salz, Muskat und Petersilie würzen. Jetzt Spätzle zugeben, nochmals kurz aufkochen und vor dem Servieren ein bißchen Petersilie darüber streuen.

Caponetti (Graubünden)

150 g Mehl
2 dl Milch
2 kl. Eier
1/2 Teel. Salz
150 g Paniermehl, eher grob
50 g Butter
50 g Blattspinat, grob gehackt
1 Bund Petersilie, grob gehackt
1 Bund Schnittlauch, geschnitten
150 g Bündner Bergkäse, gerieben

Mehl in eine Schüssel sieben, langsam die Milch dazurühren. Dann die Eier und das Salz beifügen und alles zu einem glatten Teig rühren.

Paniermehl in der Butter goldgelb rösten. Abkühlen lassen. Dann zusammen mit dem Spinat, der Petersilie und dem Schnittlauch zum Teig geben. Eine Stunde ruhen lassen.

Reichlich Salzwasser aufkochen. Den Teig auf ein Holzbrett geben oder vom Rand der Schüssel aus mit einem Messer in breiten Streifen in das leicht kochende Wasser schaben. Sobald die Caponetti an die Oberfläche steigen, mit einer Schaumkelle herausheben und lagenweise mit dem Käse in einer Schüssel anrichten.

Tip: Will man die Caponetti im voraus zubereiten, kann man sie in der Schüssel zusätzlich mit etwas Rahm beträufeln und im Ofen bei 150° C warmstellen.

Spätzle mit Gemüse

250 g Spätzle (nach Grundrezept, S. 33)
1 Knollensellerie (ca. 400 g)
1 Kohlrabi (ca. 300 g)
250 g Möhren
1 Wirsingkohl (ca. 500 g)
250 g Lauch
250 g Zwiebeln
25g Butter
1 Teel. Sonnenblumenöl
125ml Gemüsebrühe
1 großer Bund Petersilie
weißer Pfeffer, frisch gemahlen
Salz

Den Sellerie, den Kohlrabi und die Möhren putzen und schälen. Die zarten Blättchen vom Gemüse abschneiden und beiseite legen. Das Gemüse fein würfeln. Den Wirsingkohl von den äußeren welken Blättern befreien, und waschen. Die Kohlachtel in Streifen schneiden. Den Lauch ebenfalls von den welken Blättern und dem Wurzelansatz befreien, waschen und in etwa fingerbreite Stücke schneiden. Die Zwiebeln schälen, halbieren und in feine Ringe schneiden.

Die Butter und das Öl in einer Pfanne erhitzen, bis die Butter zerlaufen ist. Die Zwiebeln darin bei schwacher Hitze unter mehrmaligem Wenden weich und goldbraun braten.

Die Gemüsebrühe mit dem Wirsingstrunk aufkochen, das Gemüse dazugeben, erneut aufkochen und zugedeckt bei schwacher bis mittlerer Hitze in 10 – 15 Minuten bißfest garen. Den Strunk danach herausnehmen und entsorgen.

Die Spätzle dazugeben und ca. 5 Min mitköcheln lassen. Mit Salz und Pfeffer abschmecken. Die Petersilie und die Gemüseblättchen waschen und fein hacken. Mit den gebratenen Zwiebeln über die Gemüsespätzle geben. Das Gemüse können Sie der Jahreszeit entsprechend variieren.

Salbeispätzle

650 g Spätzle (nach Grundrezept, S. 33)
Salbeiblätter, Menge je nach Geschmack

Die Salbeiblätter sauber waschen und mit einem Wiegemesser klein schneiden und in den Spätzleteig geben, oder mit den Eiern für den Spätzleteig in einem Mixer zerhacken. Die mit Salbei gewürzten Spätzle zu Fleischspeisen geben.

Saure Spätzle

650 g Spätzle (nach Grundrezept, S. 33)
1 Zwiebel
50 g Butter
2 Eßl. Mehl
3 Eßl. Apfelessig
1/4 l Gemüse- oder Fleischbrühe
1/8 l Sauerrahm
Salz, Pfeffer, frische Kräuter

Zwiebel fein hacken und in der heißen Butter andünsten. Mit Mehl bestäuben, durchrösten und mit Apfelessig ablöschen. Mit heißer Brühe auffüllen, leicht würzen und einige Minuten köcheln lassen. Spätzle unterrühren, Sauerrahm unterziehen und mit gehackten Kräutern bestreut servieren.

Grüne Spätzle mit Buchweizengrütze und rohen Champignons

125 g Spinat
3 Eßl. Sahne
1/16 l Wasser
250 g Roggenmehl Type 1150
4 Eier
60 g Butter od. Margarine
1 1/2 Eßl. Buchweizengrütze
1 Knoblauchzehe
250 g große Champignons
100 g Kresse
Salz

Spinat waschen und kurz blanchieren. Abtropfen lassen und mit Sahne und Wasser pürieren. Aus Mehl, Eiern, Salz und Spinatpüree einen Spätzleteig bereiten und ruhen lassen. Danach den Teig durch eine Spätzlepresse in kochendes Salzwasser drücken und garen. Fett in einer Pfanne erhitzen, Buchweizengrütze zugeben und langsam hellbraun werden lassen. Knoblauch dazupressen und Spätzle zugeben. Champignons grob schneiden, mit der Kresse unterheben und sofort servieren.

Spätzle mit Wildkräutern und Walnüssen
Ein Rezept für das Frühjahr

650 g (Vollkorn-)Spätzle (nach Grundrezept, S. 33)
eine große Hand Wildkräuter, wie z.B. wilden Schnittlauch, Bärlauch, Brennesselspitzen, Giersch, Pimpernelle
1 Bund Petersilie
1 Zwiebel
Butter
1/8 l Crème fraîche
100 g Walnüsse
Salz, Pfeffer

Die Kräuter mit der Petersilie kleinhacken und beiseite stellen. Die Zwiebel ebenfalls kleinschneiden und in Butter andämpfen. Die Walnüsse dazugeben und in den glasig gewordenen Zwiebeln ca. 5 Minuten mitdämpfen. Dann die Wildkräuter dazugeben, kurz erhitzen, und mit den Spätzle andämpfen. Würzen, auf den Teller geben und Crème fraîche dazu reichen.

Spätzle mit Austernpilzen

Anstatt mit Walnüssen schmeckt das Gericht auch sehr gut mit frischen Austernpilzen. Die sollten jedoch etwas länger angedämpft werden, da sie sonst recht zäh bleiben.

Krautspätzle mit Quinoa

200 g Quinoa; fein gemahlen
200 g Weizenmehl; fein gemahlen
4 Eier
120 ml lauwarmes Wasser
400 g gekochtes Sauerkraut
2 Eßl. Butter
2–3 große Zwiebeln
50 g Butter
1 Teel. Meersalz
Pfeffer, gemahlener Kümmel

Quinoa-Weizenmehl-Mischung, Salz und Eier verrühren und soviel lauwarmes Wasser zugeben, daß ein schwer reißender Teig entsteht. Teig eine Stunde stehenlassen. Eventuell noch Flüssigkeit zugeben. Zwiebeln grob hacken oder in Ringe schneiden und in Butter schön hellbraun rösten.

Das Sauerkraut ausdrücken und in einer Pfanne erhitzen, die aus dem Teig geschabten Spätzle dazugeben und alles zusammen rösten, mit Pfeffer und Kümmel würzen und mit den gebräunten Zwiebeln bestreuen und servieren.

Feuerspätzle

650 g Spätzle (nach Grundrezept, S. 33)
500 g Champignons
1 Zwiebel
1 Knoblauchzehe
1 Eßl. Zitronensaft
20 g Butter
1/4 l Wasser
1/8 l süße Sahne
3 Tropfen Tabasco
2 Eßl. Paprikamark
geriebener Käse
Salz, Pfeffer

Spätzle wie gewohnt zubereiten. Frische Champignons putzen, waschen, in feine Scheiben schneiden, mit Zitronensaft beträufeln. Butter heiß werden lassen, den kleingehackten Knoblauch und die kleingeschnittene Zwiebel glasig dünsten, die vorbereiteten Champignons dazugeben und sieben Minuten weiterdünsten; nach Geschmack würzen. Wasser dazugießen. Tabasco und Paprikamark dazugeben, aufkochen und drei Minuten leicht kochen lassen. Süße Sahne einrühren und über die angerichteten Spätzle gießen. Mit geriebenem Käse servieren.

Spätzlepfannkuchen (vegetarisch)

650 g Spätzle (nach Grundrezept, S. 33)
200 g frische oder tiefgefrorene Erbsen
25 g Butter
4 Eier
150 g geriebener Käse
Salz, Pfeffer

Spätzle in Butter anbraten. Die Eier verquirlen, mit den anderen Zutaten mischen und über die Spätzle gießen, bei kleiner Hitze stocken lassen. Die daraus entstehenden Pfannkuchen von beiden Seiten braun braten und vor dem Servieren mit Käse bestreuen.

Spinatspätzle

500 g Mehl
7 Eier
3 Eßl. Butter
250 g tiefgefrorener Spinat
Salz, Pfeffer, Muskat
50 g Butter

Spinat auftauen. Das Mehl mit den Eiern und Salz zu einem Teig schlagen. Den Spinat unterrühren. Der Teig muß so lange gerührt werden, bis er Blasen wirft.

Den Spätzleteig ins kochende Wasser schaben – oder durch den Spätzledrucker pressen. Wenn die Spätzle oben auf dem Wasser schwimmen, sind sie fertig.

Spinatspätzle herausnehmen, abtropfen lassen. Die Butter erhitzen und über die Spätzle geben.

Spinatspätzle passen ganz hervorragend zu Fleisch- und sogar zu Fischgerichten.

Spinatspätzle mit Tomaten

650 g Spätzle (nach Grundrezept, S. 33)
450 g tiefgekühlten Rahmspinat
1 Zwiebel
1 kleine Dose Tomaten (oder drei frische Tomaten)
2 Eßl. Butter
125 g Sauerrahm oder Crème fraîche
Salz, Pfeffer, 1 Knoblauchzehe

Die kleingeschnittene Zwiebel und den kleingeschnittenen Knoblauch in der Butter glasig dünsten, anschließend die zerkleinerten Tomaten und den Spinat dazugeben und leicht köcheln, bis der Spinat aufgetaut ist. Nun die Spätzle (gerne vom Vortag) unterheben. Mit Salz und Pfeffer würzen; den Sauerrahm einrühren und kurz aufkochen lassen.

Haselnußspätzle mit Wirsing

Für die Spätzle
320 g Dinkel und 80 g Grünkern; fein gemahlen
1 1/2 Teel. Salz
4 Eier
250–300 ml lauwarmes Wasser
120 g Haselnüsse
2 Teel. Butter

Für das Gemüse
150 g Zwiebeln
2 Eßl. Butter
500 g Wirsing
1 1/2 Teel. Kräutersalz
125 ml Wasser
8 kleine Salbeiblättchen
2 Liebstöckelblätter
1 Handvoll Petersilie
Muskatnuß

Das Mehl, das Salz und die Eier in eine Schüssel geben. Soviel Wasser unterrühren, daß ein geschmeidiger, nicht zu weicher Teig entsteht. Er sollte langsam vom Rührbesen abtropfen. Den Teig 30 Minuten ruhen lassen.

Die Nüsse grob hacken und in der Butter goldgelb rösten. Die Zwiebeln mittelgrob würfeln und glasig dünsten. Den Wirsing vierteln, vom Strunk befreien und in 1 cm breite Streifen schneiden. Das Gemüse mit dem Wasser und dem Salz zu den Zwiebeln geben. Zugedeckt in 10–12 Min. bißfest garen. Die Kräuter und die restliche Butter unter den Wirsing ziehen. Mit Muskat abschmecken.

Die Spätzle in der Zwischenzeit in Salzwasser garen und dann unter das Gemüse heben.

Spätzle mit Gemüsesauce

650 g Vollkornspätzle
(nach Grundrezept, S. 33)
1 große Zwiebel
2 Möhren
1 Knollensellerie
100 g süße Sahne
2 Lorbeerblätter
3 Eßl. Butter
2 Eßl. Weizenvollkornmehl fein
1 Paprikaschote rot
4 Eßl. Maiskörner
400 ml Wasser
1/2 Teel. Muskatnuß gerieben
1 Teel. Meersalz

Zwiebel, Möhren und Sellerie schälen und in feine Würfel schneiden. Die Sahne und das Wasser in einen Topf geben, das Gemüse, die Lorbeerblätter, Muskatnuß und Meersalz hinzufügen, aufkochen und etwa 5 Minuten köcheln lassen. Den Topf vom Herd nehmen und die Mischung etwa 30 Minuten durchziehen lassen.

Die Gemüsemischung in ein Sieb gießen und das Gemüsewasser in einem Topf auffangen. Das Gemüse beiseite stellen und die Lorbeerblätter entfernen.

Die Butter in einem kleinen Topf zerlassen und das Mehl hineinrühren und hell anschwitzen. Das Gemüsewasser nach und nach angießen. Die Sauce unter Rühren zum Kochen bringen und so lange köcheln lassen, bis sie bindet.

Inzwischen die Paprikaschote vom Kerngehäuse befreien, fein würfeln und mit den Maiskörnern und dem gegarten Gemüse in die Sauce geben. Die Spätzle mit der Sauce anrichten.

Drei-Farben-Spätzle

2 mittelgroße Möhren
1/2 l Gemüsebrühe
1 Bund Petersilie
1 Bund Schnittlauch
500 g Mehl
Salz
1 Eßl. Mehl
1 Eßl. Butter
200 g süße Sahne
3 Eßl. Tomatenmark
4 Eier
etwas kaltes Wasser
Salz, Pfeffer

Zuerst die Möhren in kleine Stücke schneiden (ca. 1 cm) und 20 Min. in der Brühe kochen. Dann herausnehmen und in einem Mixer pürieren und kalt werden lassen. Die Brühe noch zum Einreduzieren weiterköcheln lassen.

2 Eier, etwas Salz und die Kräuter in einem Mixer ca. 5 Min. mixen. Daraus mit 250 g Mehl und etwas Wasser einen Spätzlesteig herstellen.

Die Möhren ebenfalls mit 2 Eiern mixen, und aus dieser Masse mit den restlichen 250 g Mehl und etwas Wasser und etwas Salz ebenfalls einen Spätzlesteig machen. Das Backrohr auf 120° C vorheizen. Zuerst die »grünen« ins kochende Salzwasser drücken und sofort nach dem Auftauchen in eine gebutterte feuerfeste Form auf eine Seite geben. Dann die gelben Spätzle herstellen und auf die andere Seite der Form legen. Das Gefäß mit den Spätzle ins Rohr zum Warmhalten geben.

Mit einem Eßl. Butter und einem Eßl. Mehl eine helle Mehlschwitze machen, die Brühe mit dem Tomatenmark dazugeben und bei geringer Hitze mit einem Schneebesen gut verrühren und ganz kurz aufkochen lassen.

Salzen und pfeffern und die Sahne einrühren, nochmals abschmecken und mit den Spätzle servieren.

Auf dem Teller sieht man dann die drei Farben: Grüne und gelbe Spätzle mit der roten Soße.

Übrigens, das ist eines der Lieblingsessen meiner Kinder!

Möhrenspätzle mit Käse

Für 1 Kleinkind:
80 g Möhren
60 g Vollkornmehl
1/2 verquirltes Ei
1/8 l Milch
Salz
40 g Weichkäse (50%)
1 Teel. Butter oder Keimöl
Pfeffer, Muskat

Verpacken Sie doch einmal das Gemüse in Nudelform: Dieses Gericht schmeckt selbst Möhren-Muffeln und macht auf gesunde Weise satt.

Möhren waschen, schälen, in Stücke schneiden. Am besten im Blitzhacker oder Kompaktmixer zerkleinern – dann werden sie am feinsten. Die Möhrenmasse mit dem halben Ei, Mehl, etwas Salz und 50 ml Milch zu einem weichen, aber schnittfesten Teig verrühren. In einem Topf Salzwasser zum Kochen bringen, den Spätzleteig auf ein Brett geben, über den Topf halten und mit einem großen Messer in das kochende Wasser schaben. Den Topf zwischendurch schütteln, damit sich nichts am Boden festsetzt. Schwimmen alle Teigfische oben, mit einem Schaumlöffel herausheben, abtropfen lassen und in Fett schwenken. Die übrige Milch erwärmen, den entrindeten Käse in Würfeln darin schmelzen lassen, mit Pfeffer und Muskat abschmecken (ca. 550 kcal bzw. 2310 kJ). Tip: Wenn Sie dies Rezept für die ganze Familie zubereiten möchten, machen Sie den Teig mit dem Möhrensaft dünner, so daß er durch den Spätzlehobel geht, das spart Zeit! Zu diesem Essen paßt sehr gut ein knackiger, grüner Salat.

Spätzle mit Shii-Take-Lauchsauce

650 g Spätzle (nach Grundrezept, S. 33)
2 kleine Stangen Lauch
250 g Shii-Take-Pilze. (Nur die Kappen nehmen.)
3 Eßl. Butter
125 ml trockener Weißwein
250 ml Schlagsahne
Parmesan
Salz, Pfeffer, Muskatnuß

Lauch gründlich waschen und in kleine Stücke schneiden. Pilze halbieren, Butter in einer Pfanne zerlassen, die Lauchringe und die Pilze darin unter Rühren etwa 5 Minuten anbraten und mit Salz, Pfeffer und Muskatnuß gut würzen. Weißwein hinzugießen und ungefähr 5–7 Minuten köcheln lassen. Schlagsahne unterrühren und bei schwacher Hitze noch etwa 4 Minuten schmoren lassen. Die Soße mit den Spätzle servieren; Parmesan kann je nach Bedarf dazugegeben werden.

Saure Kartoffelrädla

Selbst im Schwabenland ist dieses Gericht als Arme-Leute-Essen verschrien. Sehr zu unrecht, denn auch heute noch haben die sauren Kartoffelrädla viele Freunde verdient. Auch wenn es kein richtiges Spätzleessen ist, sei es hier aufgeführt, denn es läßt sich prima mit den Teigwaren kombinieren.

650 g Spätzle (nach Grundrezept, S. 33)
80 g Butterschmalz
80 g Mehl
2 Zwieben
400 g Kartoffeln
Weinessig
Salz, Pfeffer

Aus dem Schmalz und dem Mehl bereiten Sie eine dunkle Mehlschwitze. Anschließend geben Sie bitte die klein geschnittenen Zwiebeln in die Mehlschwitze. Sie sollten nicht anbrennen, da sie sonst einen bitteren Geschmack bekommen. Geben Sie nun ca. 1/2 l Wasser bei und fügen Sie die in Scheiben geschnittenen Kartoffeln hinzu. Lassen Sie alles ca. 10 bis 15 Minuten kochen. Achten Sie darauf, daß nichts anbrennt und schmecken Sie das Essen zum Schluß mit Essig und den Gewürzen ab.

Dazu passen Spätzle. Als Getränk empfehle ich Bier.

Spätzlesuppen

Brätspätzlesuppe

250 g Wurstbrät (erhältlich in jeder guten Metzgerei)
1/8 l Milch
1 Zwiebel
3 Eier
ca. 250 g Mehl
gehackte Petersilie
Salz, Muskat

Eine gute Fleischbrühe, am besten mit etwas Rauchfleisch, herstellen.

Alle oben aufgeführten Zutaten zu einem Spätzlesteig vermischen. Wie bei »normalen« Spätzle den Teig in das kochende Wasser schaben, pressen oder hobeln. Danach die Spätzle in die Fleischbrühe geben, ganz kurz aufkochen und heiß servieren.

Dazu paßt Schwarzbrot.

Leberspätzle-Suppe

200 g Rinderleber
50 g Zwiebel
1 Eßl. gehackte Petersilie
1 Teel. getrockneter Majoran
1 Teel. Salz
Pfeffer
1 Knoblauchzehe
40 g Butter
2 Eier
30 g Mehl
1 l gut gewürzte Fleischbrühe

Leber waschen, trocken tupfen und enthäuten. Zwiebel schälen und in Stücke schneiden. Leber, Zwiebelstücke, Petersilie, Majoran, Salz, Pfeffer und geschälte Knoblauchzehe durch die feine Scheibe des Fleischwolfes drehe oder im Universalzerkleinerer pürieren.

Butter schaumig rühren, Eier, Mehl und Lebermasse darunterrühren. Es soll ein dickflüssiger Teig entstehen. Den Teig etwa 15 Min. ruhen lassen.

Fleischbrühe zum Kochen bringen. Leberteig durch ein Spätzlesieb oder mit einem Spätzlehobel in die kochende Brühe streichen und 6–8 Min. ziehen lassen.

Königlich-Württembergische Spätzlessuppe

Nicht nur Bayern, sondern auch Württemberg hatte seinen König. Dem ist die folgende, äußerst delikate Suppe gewidmet.

200 g Spätzle (nach Grundrezept, S. 33)
2 Eßl. Speiseöl
500 g Rinderhack
1 große Stange Lauch
1 l Fleischbrühe
100 g Kräuterschmelzkäse
Salz, Pfeffer

Öl erhitzen und das Hackfleisch so lange anbraten, bis auch die kleinen Klümpchen zuerfallen sind, gegebenenfalls mit der Gabel zerdrücken, dann mit Salz und Pfeffer würzen.

Den in dünne Ringe geschnittenen Lauch hinzufügen, mit der Brühe aufgießen und ca. 15 Minuten köcheln lassen.

Den Käse in einer Tasse gut verrühren, drei Eßl. von der Brühe hinzugeben, weiterrühren, bis sich der Käse gut aufgelöst hat und dann die Masse der Suppe unter stetigem Rühren beigeben. Zum Schluß die Spätzle dazugeben und nochmals abschmekken.

Königlich Württembergische Spätzlesuppe »vegetarisch«

350 g Spätzle (nach Grundrezept, S. 33)
2 Eßl. Butter
250 g frische Champignons, geviertelt
2 Möhren
1/4 Sellerie, geraspelt
1 große Stange Lauch
1 l Gemüsebrühe
100 g Kräuterschmelzkäse
Salz, Pfeffer

Möhren in dünne Scheiben schneiden oder raspeln. Sellerie raspeln. Butter erhitzen und die Möhren und den Sellerie andämpfen. Den in dünne Ringe geschnittenen Lauch hinzufügen. Brühe dazugießen (drei Eßl. beiseite stellen) und ca. 15 Minuten köcheln lassen. Champignons vierteln, hinzufügen und nochmals aufkochen. (Champignons nicht verkochen lassen!)

Den Käse in einer Tasse gut verrühren, drei Eßl. von der Brühe hinzugeben, weiterverrühren, bis sich der Käse gut aufgelöst hat, und dann die Masse der Suppe unter stetigem Rühren beigeben.

Zum Schluß die Spätzle dazugeben und abschmecken.

Spätzle zum Nachtisch

Spätzle mit Äpfeln

650 g Spätzle (nach Grundrezept, S. 33)
7–9 Äpfel, gern etwas säuerlich
Butter oder Margarine
Zucker oder Honig
etwas Zimt

Spätzle herstellen oder die vom Vortag übrig gebliebenen verwenden. Äpfel schälen, Kernhaus entfernen, und in kleine Stücke schneiden. Die Apfelteile mit Butter in einer Pfanne anrösten und dann die Spätzle dazugeben. Alles gut durchmischen und anbraten; mit Zucker und je nach Geschmack mit etwas Zimt abschmecken. Dazu paßt Malzkaffee ausgezeichnet.

Birnenspätzle

650 g Spätzle (nach Grundrezept, S. 33)
10 getrocknete Birnen oder zwei Päckchen getrocknete Birnen aus dem Reformhaus
Butter oder Margarine
Zucker oder Honig
etwas Zimt

Getrocknete Birnenscheiben eine Nacht in Wasser einweichen, danach kleinschneiden. Die Spätzle im Fett anbraten und die kleingeschnittenen Birnen dazumischen. Achtung: Bei zu langem Rösten werden die Birnen wieder hart. Am Schluß mit Zucker oder Honig und nach Wunsch mit Zimt bestreuen. Gut schmeckt ein Klacks Sahne dazu. Birnenspätzle schmecken auch wunderbar mit Vanilleeis als Nachtisch.

Spätzle für die Prinzessin

Eine alte Sage weiß davon, daß eine Tochter eines württembergischen Grafen keine Spätzle mochte. Erst dieses Gericht überzeugte die edle Schwäbin von dem Wohlgeschmack der einheimischen Kost ...

650 g Spätzle (nach Grundrezept, S. 33)
1 Eßl. Mehl
1 l heiße Milch
4 Eier
Apfelmus oder Birnenkompott
Zucker, 2 Eßl. Honig, Zimt

Das Mehl in der Butter goldgelb dünsten (Einbrenne) und dann mit der heißen Milch vermischen; dabei mit einem Schneebesen gut aufschlagen. Kurz bevor die Milch aufkocht, den Honig und die verquirlten Eier dazugeben. Achtung, die Milch darf nicht anbrennen oder überkochen! Diese Soße über die ganz frischen, nach warmen Spätzle gießen, mit Zucker und Zimt bestreuen und mit Apfelmus oder, edler, mit Birnenkompott, servieren.

Joghurtspätzle mit Himbeeren

300 g Weizenmehl Type 1050
2 Eier
Jodsalz
300 g fettarmer Joghurt
70 g Butter
2 Eßl. gemahlener Mohn, mehr oder weniger nach Belieben
3 1/2 Eßl. flüssiger Honig
400 Himbeeren
Minzeblätter zum Garnieren

Herrlich lecker mit Mohn und Honig, ein Genuß!

Mehl, Eier, Salz und die Hälfte des Joghurts zu einem geschmeidigen Teig verrühren. In kleinen Portionen auf ein angefeuchtetes Spätzlebrett streichen. Teig mit einer Palette in kochendes Wasser schaben. Fertige Spätzle an der Wasseroberfläche abschöpfen. Mit kaltem Wasser abschrecken, abtropfen lassen.

Butter leicht bräunen. Mohn und Spätzle darin anbraten. Mit restlichem Joghurt, Honig und Himbeeren anrichten. Mit Minzeblättchen garnieren.

Süße Spätzle mit Nuß oder Mohn

Dieses Rezept eignet sich am besten für die kalten vorweihnachtlichen Tage.

650 g Spätzle (nach Grundrezept, S. 33)
150 g Mohn oder gemahlene Haselnüsse
150 g Zucker oder Honig
etwas Zimt, 40 g Butter

Geben Sie die Butter in einen kleinen Topf und fügen Sie die gemahlenen Nüsse oder den Mohn hinzu. Rösten Sie den Topfinhalt kurz an und geben Sie Zucker oder den Honig in den Topf, nachdem Sie die Herdplatte ausgeschaltet haben. Verrühren Sie alles gut, und geben Sie die Mischung auf die frischen Spätzle. Wer will, streut noch etwas Zimt darüber. Dazu paßt Malzkaffee.

»Spätzle«eis

1/8 l sehr gut gekühlte süße Sahne
1 Packung Vanilleeis (750–1000 ml)
2 säuerliche Äpfel, 30 g Butter, Zimt

Äpfel entkernen, schälen und in ca. 1 cm dicke Scheiben schneiden. Braten Sie die Apfelstücke in der Butter an, bis sie leicht braun geworden sind.

Jetzt schlagen Sie die Sahne, bis sie schön fest ist. Portionsweise richten Sie nun die Sahne auf großen flachen Tellern an. Drücken Sie das Vanilleeis durch den Spätzledrucker. Geben Sie die Apfelstücke hinzu und bestreuen Sie das Dessert mit etwas Zimt.

Spätzleverwandte

Maultaschen

Für den Teig:
250 g Mehl
4 Eier
1/2 Teel. Salz
1 Tasse Wasser

Für die Füllung:
300 g Hackfleisch
(halb Rind, halb Schwein)
500 g gekochter Spinat,
frisch oder tiefgefroren
2 Brötchen, eingeweicht und ausgedrückt
4 Eßl. Zwiebeln, feingehackt
3 Eßl. Räucherspeck, feingehackt
4-5 Eßl. Petersilie, feingehackt
2 Eier
1 Teel. Salz, Pfeffer, Muskat
1 Ei

Der Teig: Das Mehl in eine Schüssel geben, die Eier mit dem Salz verquirlen und dann mit etwas Wasser zu dem Mehl geben. Zuerst mit einer Gabel in das Mehl einrühren, dann aber mit den Händen zu einem geschmeidigen Teig verkneten. Eventuell noch etwas Wasser zufügen. Eine halbe Stunde im Raum ruhen lassen.
Die Füllung: Die Zutaten werden 1–2 mal durch die feinste Scheibe des Fleischwolfes gedreht, mit den Eiern vermengt und mit Salz, Pfeffer und Muskat abgeschmeckt. Der Teig wird dünn ausgerollt und in 2 Platten geteilt. Je 1 Eßl. Füllung wird im Abstand von je 5 cm auf einer Teigplatte verteilt, die Zwischenräume mit verquirltem Ei bestrichen, die 2. Teigplatte darüber gelegt, alle Ränder der einzelnen Taschen fest angedrückt und mit einem scharfen Messer ausgeschnitten. In siedendem Salzwasser ca. 10 Min. gar kochen. Mit in Butter geschmälzten Zwiebelringen servieren.

Bubaspitzla (Schupfnudeln)

500 g Kartoffeln
125 g Mehl
1 Ei
Salz, Muskat
30 g Butter

Die Kartoffeln weichkochen und auskühlen lassen. Schälen, stampfen oder durch den Spätzledrucker drücken. Die durchgedrückten Kartoffeln, Mehl, Ei und Gewürze zu einem festen Teig vermengen. Formen Sie mit der flachen Hand fingerdicke, runde, ca. 7 cm lange Stücke. Wenn Sie das fertige Produkt ansehen, wissen Sie, wo der Name »Bubaspitzla« (Bubenspitzchen) herrührt.

In siedendem Salzwasser kochen Sie die Stücke, bis sie nach oben schwimmen. Mit einem Sieb heben Sie die Teile aus dem Wasser und schrecken Sie sie in kaltem Wasser kurz ab.

Bubaspitzla passen ausgezeichnet zu jeder Art von Soße. Aber auch ohne Soße, in Butter gebraten, mit grünem Salat, sind sie eine Köstlichkeit.

Spinatpizokels (Graubünden)

250 g Mehl
5 Eier
200 ml Milch
200 ml Wasser
250 g Weißbrotbrösmeli
100 g Butter
1/2 Bund Petersilie, gehackt
1/2 Bund Schnittlauch, feingeschnitten
250 g Spinat, gehackt
Salz, Pfeffer, Muskat
150 g Sbrinz, gerieben

Aus Mehl, Eiern, Milch, Wasser und den Gewürzen einen Teig zubereiten. Die Weißbrotbrösmeli in der Hälfte der Butter anziehen lassen, Petersilie, Schnittlauch und Spinat zugeben und das Ganze mit dem Teig gut verkneten. Eine Stunde zugedeckt ruhen lassen.

Mit einem Eßlöffel Klößchen abstechen und in kochendem Salzwasser pochieren: steigen sie an die Oberfläche, werden sie mit der Schaumkelle herausgenommen, in einer ausgebutterten Gratinplatte angerichtet und lagenweise mit dem Sbrinz bestreut. Die restliche Butter leicht bräunen und darübergießen.

Wer will, serviert dazu eine Tomatensauce.

Krautpizokel (Bizoccals cun ravitschka, Graubünden)

Für die Pizokelmasse:
200 g Mehl
80 ml Milch
2 Eier, verquirlt
15 g Bündnerfleisch
15 g Salsiz, würzige
(Trockenwurst, der Salami ähnlich)
20 g Lauch
1 Teel. Butter
Salz, Muskat

Für die Gemüsemischung mit Speck:
60 g Magerspeck, in Streifen
1 Prise Knoblauch, gepreßt
15 g Schalotten, feingehackt
1 Teel. Butter
120 g Wirsing; Wirz
100 g Spinat
Salz, Pfeffer, Muskat
80 ml Schlagrahm

Für die Pizokelmasse:
Mehl zusammen mit der Milch und den Eiern in eine Schüssel geben und zu einem glatten Teig rühren. Bündnerfleisch, Salsiz und Lauch, alles klein geschnitten, in der Butter dünsten und unter den Teig mischen.

Für die Gemüsemischung:
Wirsing und große Spinatblätter (kleine Blätter ganz lassen) in grobe Quadrate schneiden und im Salzwasser überwallen, gut abtropfen lassen. Magerspeckstreifen, Knoblauch und Schalotten in der Butter dünsten, das Gemüse dazugeben.

Für die Pizokel Teig portionsweise auf ein Brett streichen und mit einem Spachtel in das siedende Salzwasser schaben. Sobald die Pizokel an die Oberfläche steigen, fischt man sie mit einer Schaumkelle heraus und gibt sie in die Krautpfanne. Nach Geschmack mit Salz, Pfeffer und Muskat nachwürzen. Den Schlagrahm darunterziehen und sofort servieren.

Zur Geschichte: Schon 1799 werden die »Perzockeln« als Lieblingsgericht der Bündner Bauern an Festtagen bezeichnet. Der romanisch-italienische Ausdruck ist auch in ganz Deutschbünden verbreitet und hat sogar dem Churer Hausberg seinen Namen verliehen.

Die Pizokel werden in den verschiedensten Varianten gegessen. Ohne Beilage heißen sie im Vorderrheintal »bizochels bluts«. Wenn jemand einen Anstandsrest zurückläßt, heißt es im Engadin »far sco quel dal bizoccal«, wie jener tut, der in der Schüssel einen einzigen Pizokel zurückließ.

Der Schwabe und seine Soße

Wir haben wieder einmal auswärtige Gäste. Nach einer wunderschönen Albwanderung durch den herbstlichen Wald sind wir auf der Suche nach einem kleinen Restaurant. Die Wirtschaften im Schwäbischen heißen Ochsen, Adler, Engel oder Löwe. Alles Namen, die zeigen, daß man sich in einer Gegend befindet, in der Frömmigkeit eine große Rolle spielt: derlei Bezeichnungen deuten auf die vier Evangelisten hin – Fingerzeig dafür, daß der Kirchenbesuch hier bis vor 20 Jahren noch ein angesagtes Thema war.

Wir wählen eine Wirtschaft in Oberdrackenstein, den *Grünen Baum*, oder nur *Baum*, wie die Einheimischen sagen. Der Betrieb gehört einer Tante meiner Frau und ich weiß von vielen Familienfeiern, daß die Spätzle hier bei der nach oben geschlossenen Geschmacksskala von 1 – 10 eine 9,9 bekommen. Viel Auswahl gibt es nicht, es wird sowieso nur am Sonntag warm gekocht, aber dafür wird alles frisch zubereitet.

Die Karte ist übersichtlich: Gemischter Braten, Rinder- und Schweinebraten sowie Schweineschnitzel werden angeboten. Das nun in den ewigen Schweinehimmel verschiedene Tier kannte ich persönlich. Deshalb überrede ich die Wandergruppe zu den Schnitzeln. Ich finde, es sind die besten westlich des Urals.

Zuerst bringt die Bedienung den Salat – mit viel Kartoffeln drin. Als Kenner der hiesigen Szene habe ich den wirklich weltmeisterlich zubereiteten Salat aus der südamerikanischen Erdknolle »pur« bestellt. »Grombira« nennt man auf der Alb die schmackhafte Nachtschattenfrucht. Wenig später werden die Spätzle aufgetischt.

Mengen, die ausreichen, um eine ganze Kompanie monatelang am Leben zu erhalten. Die Schnitzel ragen über den Tellerrand hinaus und sehen so appetitlich aus, daß sie sofortigen Verzehrwunsch nach sich ziehen.

Und dann wird die Soße gebracht. Es ist ungewöhnlich, Schnitzel mit Soße zu essen. Für viele am Tisch, vor allem die Freunde aus Norddeutschland, mehr als ungewöhnlich.

Noch lange wird darüber diskutiert, was das wohl für ein Volk auf der schwäbischen Alb ist, das Schnitzel mit Spätzle und Soße zu sich nimmt. Aus diesem Grund werden Schwaben auch leicht in nichtwürttembergischen Gefilden geortet. Wer in einem Wiener Restaurant ein Schnitzel bestellt und Soße dazu verlangt, wird auf wenig Gegenliebe stoßen. Aber warum? Erst die Soße macht ein Essen doch essenswert. Ohne Soße erscheint jede Speise trocken. Haben Sie nicht selbst schon gespürt, wie Pommes frites im Hals kratzen? Es fehlt ein flüssiges Gleitmittel – und das ist die Soße.

Die Schwaben lieben sowieso das etwas feuchtere Essen. Auch eine Suppe gehört zu jedem guten Menü. Im Zubereiten derselben sind die Schwaben Vizeweltmeister; sie werden bisher nur von den Bewohnern des Freistaates Bayern übertroffen.

Was aber tun bei Speisen, die von sich aus keine Soße abwerfen? Gerade bei Schnitzeln ist außer ein bißchen Pfannenfett rein gar nicht als Soßengrundlage zu verwenden. Leider verwenden viele schwäbische Hausfrauen in letzter Zeit Päcklessoß'. Knorr und Maggi hatten ja früher ihre Hauptsitze in Süddeutschland – vielleicht war es alemannisches Verbrüderungsdenken, das die Menschen bewog, braunes Pulver in heißes Wasser zu schütten und das Gemisch als Soße zu bezeichnen.

Deswegen will ich Ihnen nun ein paar Anregungen geben, wie schmackhafte Soße selbst hergestellt werden können.

Die Bratensoße

150 g geräucherten Speck
3 Eßl. Öl
1,5 kg Kalbsknochen
150 g Schalotten
150 g Karotten
80 g Sellerie
1 Eßl. Tomatenmark
1/4 l trockenen Rotwein (am besten Trollinger)
1/8 l Sahne
4 ganze Nelken
1 kleines Lorbeerblatt
1 Rosmarinzweig
1 kleiner Thymianzweig
1 Knoblauchzehe
Salz,
ca. 15 weiße Pfefferkörner

Schneiden Sie den Speck in große Streifen, erhitzen Sie das Öl und den Speck in einem Bräter, geben Sie die Knochen dazu und braten Sie alles scharf an. Die dadurch entstehenden Röststoffe verleihen der Soße den eigentlichen Geschmack.

Geben Sie nun alles für ca. 45 Min. in den auf 180 – 200° C vorgeheizten Backofen. Wenn die Knochen dunkelbraune Farbe angenommen haben, fügen Sie das zuvor geschnittene Gemüse hinzu. Hat auch dieses etwas Farbe angenommen, mischen Sie das Tomatenmark darunter und rösten Sie es leicht an. Gießen Sie das Fett vorsichtig ab. Löschen Sie den Inhalt des Bräters mit Rotwein ab; dabei sollte möglichst viel Flüssigkeit im Backofen verdunsten. Fachleute sagen dazu »trocken reduzieren«.

Wenn fast keine Flüssigkeit mehr vorhanden ist, geben Sie die zerstoßenen Pfefferkörner, die Kräuter und die Knoblauchzehe hinzu und überstreuen Sie alles leicht mit Salz. Diese Masse nehmen Sie aus dem Backofen. Geben Sie sie in einen Topf und füllen ihn mit 2 Liter Wasser auf; das Gemisch lassen Sie 3–4 Stunden leicht kochen. Den Schaum, der sich durch das auskochende Eiweiß bildet, müssen Sie abschöpfen und entsorgen.

Nach der Kochzeit passieren Sie den Topfinhalt durch ein feines Sieb. Damit ist die Bratensoße schon fertig.

Wenn Sie die Soße jetzt mit etwas Mehl binden und die Sahne hinzugeben, können Sie z.B. auch mit dem Bratensaft eines Rinderbratens eine köstliche Soße für die Spätzle herstellen.

Ohne Sahne und Mehl können Sie die Soße einfrieren oder einkochen und als Soßengrundlage je nach Bedarf »verlängern«.

Die vegetarische Soße

Ich verwende hauptsächlich Gemüsearten, die keine allzu weiten Transportwege hinter sich haben, also von einheimischen Anbietern stammen. Zucchini, Paprika und Tomaten im Winter müssen nicht unbedingt sein.

200 g Lauch (eine mittlere Stange)
1 Bund Petersilie
200 g Kartoffeln
1 Petersilienwurzel oder eine halbe Knolle Sellerie
1–2 Zehen Knoblauch
1 kleine Zwiebel
3 Eßl. Butter
400 g Möhren
1/2 Teel. Curry
1 Teel. Meerrettich aus der Tube oder ein ca. 1 cm langes frisches Wurzelstück
100 g Frischkäse (ersatzweise Sauerrahm, Schmand oder Crème fraîche)
1/2 Teel. Senf
1 Eßl. Mehl
1/8 l Milch
1 Eßl. geriebener Parmesan
3 Tropfen Tabasco
1 Teel. Sojasauce
ca. 30 Körnchen grüner Pfeffer
2 Teel. Salz
1 Eßl. Frischkäse

Zuerst putzen Sie das Gemüse und schneiden es in grobe Stücke.

Geben Sie einen guten Eßl. Butter in einen großen Topf und braten Sie die Kartoffeln mit den Zwiebeln an. Sobald die Kartoffeln braune Röststellen haben, geben Sie ca. 1/2 Liter Wasser hinzu und rühren die eventuell angebratenen Stellen auf. Danach fügen Sie den Lauch, die Stengel der Petersilie, die Petersilienwurzel, die grob geschnittenen Möhren, Salz, Knoblauch, Curry, Meerrettich, Senf und die grünen Pfefferkörner hinzu und lassen alles bei großer Hitze aufkochen. Schließen Sie dann den Deckel und lassen alles ca. 45 Minuten bei schwacher bis mittlerer Hitze vor sich hin köcheln. Sobald das Wurzelgemüse weich geworden ist, öffnen Sie den Deckel und lassen ein wenig von der Flüssigkeit verdampfen. Dann schalten Sie die Platte aus und warten kurz, bis der Topfinhalt nicht mehr so gefährlich heiß ist.

Währenddessen zerlassen Sie die restlichen zwei Eßl. Butter in einem Topf und erzeugen mit dem Mehl eine Mehlschwitze, die ruhig etwas dunkler werden darf. Geben Sie 1/8 l Wasser dazu und lassen die Soßengrundlage ganz kurz unter stetigem Rühren aufkochen. Achtung, Anbrenngefahr!

Inzwischen hat der Inhalt des Gemüsetopfes seine Hitze an seine Umgebung abgegeben und kann bearbeitet werden.

Geben Sie den Frischkäse, die mit Wasser verdünnte Mehlschwitze und die restliche, noch unverkochte Petersilie in einen Mixer und erzeugen damit eine sehr sämige Soße. Wenn Sie damit fertig sind, geben Sie die Milch in den Mixer, »spülen« damit die Reste aus dem Gerät und rühren sie unter die Soße. Achten Sie darauf, daß jetzt nichts mehr zum Kochen kommt. Halten Sie die Soße gut warm.

Kurz vor dem Servieren können Sie je nach Geschmack noch die Sojasauce, den Tabasco und den geriebenen Parmesan dazufügen. Vor dem Servieren noch ein Eßl. Frischkäse grob unterrühren, so daß ein schönes Muster entsteht. Sie wissen ja, das Auge ißt mit.

Ein Tip: Sinnvoll ist es, mehr Soße herzustellen und einen Teil davon einzufrieren.

Mit Spätzle heißt das Gericht »Spätzle mit Gemüsesoße«, dazu paßt sehr gut Rote-Beete-Salat, Ackersalat und/oder ein paar mit Käse überbackene frische Champignons. (Einfach größere Champignons so schneiden, daß sie auf »eigenen Füßen« stehen können, in eine feuerfeste Form geben, ein bißchen Käsestreusel auf den Hut und ab damit in den auf 200° C vorgeheizten Backofen. Nach ca. 10–15 Min. sind die Pilze fertig; spätestens, wenn sie Flüssigkeit abgeben oder Runzeln bekommen, sollten Sie sie aus dem Ofen befreien, mit Salz und Pfeffer würzen und möglichst heiß servieren.)

Paprikacrème

Je 1 rote, gelbe und grüne Paprikaschote (achten Sie darauf, daß alle Schoten gleich groß sind)
6 Eßl. Öl
1/4 l Gemüsefond (2 Möhren, 30 g Sellerie ca. 1 Std. in 1/4 l Salzwasser kochen, die verdunstete Flüssigkeit nachfüllen; die Flüssigkeit ist der eigentliche Fond, das ausgekochte Gemüse wird entsorgt)
60 g Butter
Salz, Pfeffer, Muskat, Knoblauch

Die Paprikaschoten im Öl von allen Seiten leicht anbraten, bis sich die Haut blasenartig löst – ohne, daß die Schoten braun oder schwarz werden. Mit einem Tuch oder mit Küchenkrepp muß jetzt die Haut von den noch heißen Schoten abgerieben oder abgezogen werden.

Die Schoten halbieren, den Stengelansatz herausschneiden, grob schneiden, nach Farben trennen. Zugedeckt in etwas Flüssigkeit weichkochen.

Unter Zugabe des Gemüsefonds im Mixer nach Farbe getrennt pürieren und durch ein feines Sieb streichen.

Die Schoten in getrennte Töpfe geben, je ein Drittel der kalten Butter einrühren und mit Salz, Pfeffer, Muskat und Knoblauch abschmecken. Die drei verschiedenfarbigen Paprika auf einem Teller geben und leicht verwischen; bei diesem Rezept ißt das Auge mit. Mit Fisch oder kurzgebratenem Fleisch – oder auch nur mit Spätzle – anrichten. Dazu schmeckt trockener Riesling.

Die pikante Variante
Die Soße bekommt einen besonders herzhaften Geschmack, wenn man zusätzlich etwas Senf und je nach Geschmack kleingeschnittene, eingelegte Paprika gegen Ende mitkochen läßt. Wer es noch schärfer mag, kann zwei bis drei weitere Tropfen Tabasco zufügen.

Steinpilzcrème

20 g getrocknete Steinpilze
1 Knoblauchzehe
50 g magerer, geräucherter Speck
20 g Butter
2 Schalotten (ersatzweise eine kleine Zwiebel)
2 cl Cognac (das entspricht ungefähr einem Schnapsglas)
15 cl heller Kalbsfond (entweder aus der Dose oder indem man 300 g Kalbsknochen in ca. 2 l Wasser mit etwas Sellerie und einer Möhre ca. 2–3 Stunden bei kleiner Hitze kocht. Schaum immer abschöpfen und zum Schluß durch ein Sieb gießen. Den für das Rezept nicht benötigten Kalbsfond einfrieren.)
10 cl Sahne
Salz, Pfeffer, Muskat

Die Steinpilze in reichlich kaltem Wasser einweichen und quellen lassen. Den Knoblauch halbieren und einen Topf damit ausreiben, anschließend den Speck in feine Würfel schneiden und anrösten. Danach die Butter hinzufügen. Die feinwürfelig geschnittenen Schalotten darin leicht braun anrösten.

Die Steinpilze gut ausdrücken, grob hacken und ebenfalls in den Topf geben.

Solange mitrösten, bis die Pilze fast trocken sind. Löschen Sie jetzt mit Cognac ab und füllen Sie den Kalbsfond hinzu.

Nachdem alles 20 Minuten geköchelt hat, passieren Sie die Masse durch ein feines Sieb.

Nun nur noch die Sahne hinzufügen und auf eine leicht sämige Konsistenz reduzieren. (Leicht köcheln lassen, so daß die Flüssigkeit teilweise verdunstet.) Nochmals durch das inzwischen ausgespülte Sieb passieren und abschmecken.

Dazu paßt ein trockener Weißwein.

Tomatensoße

Zu Käsespätzle mit Schinken, aber auch zu vielen anderen Spätzlerezepten paßt Tomatensoße. Vor allem, wenn Kinder mit essen. Das einfachste Rezept scheint mir hier das Beste zu sein.

2 kleine Dosen mit geschälten Tomatenstücken
2 Eßl. Kräuterfrischkäse
frischer Pfeffer
Salz
eine Messerspitze Zucker
etwas frisches Basilikum nach Bedarf

Geben Sie die Tomaten in einen Topf und köcheln Sie sie bei mittlerer Temperatur ca. 5–10 Min. Danach den Frischkäse dazugeben, mit den Gewürzen abschmecken. Geben Sie der Flüssigkeit noch ca. 10 Min. bei schwacher Hitze Zeit, das Aroma voll zu entfalten.

Was man im Schwäbischen zu Spätzle gerne trinkt

Mineralwasser

Am Rande der Schwäbischen Alb findet man sehr viele Mineralwasserquellen. In München bestellt man nicht einfach ein Mineralwasser, sondern ein Überkinger – die wenigsten wissen, daß eine Gemeinde im Landkreis Göppingen, der Ort Bad Überkingen, ihren Namen dafür hergab. Neben dem Überkinger Brunnen gibt es im Stauferkreis das Göppinger Wasser und den Jebenhauser Sprudel. Auch in anderen Orten, wie zum Beispiel in Hattenhofen, findet man die Brunnen mit dem gesunden, säuerlichen Wasser. Vor allem ausländische Mitbürger besorgen sich heute noch in großen Kanistern das Getränk und nehmen es mit nach Hause.

Ich kann mich als Kind sehr gut daran erinnern, wie uns unsere Eltern zum »Sauerbrunnen« geschickt haben. Mit großen Kanistern oder Zwei-Liter-Flaschen mußten wir das Wasser per Fahrrad holen; ein Job der gerne erledigt wurde, denn man traf dort viele Freunde, die den Brunnen als Treffpunkt nutzten.

Die Flaschen bekamen ungefähr nach der zehnten Füllung einen braunen, unappetitlichen Rand. Der Eisenanteil des Wassers setzte sich am Boden ab. Das käufliche Mineralwasser ist enteisent, das heißt, das Eisen ist vor der Abfüllung entfernt worden.

Allen Besuchern Göppingens empfehle ich, zum Beispiel am Haupteingang der Klinik »Landerer«, oder in der Nähe des Freibades oder noch besser in Jebenhausen, einem Ortsteil im Süden Göppingens, einen Test direkt an der Quelle durchzuführen. Nach einer langen Autofahrt im Sommer stellt man fest, daß es eigentlich nichts besseres auf der Welt gibt um Durst zu löschen, als einen brunnenfrischen Säuerling.

Apfelsaft und Apfelschorle

Ab Ende September ist Apfelernte. Bauern, Nebenerwerbslandwirte und einfach Privatleute, die von ihrem Wiesle die Äpfel aufsammeln, bringen die Ernte zur »Moschte«, um dort aus den festen Äpfeln Saft pressen zu lassen. Jeder weiß, daß Apfelsaft, der nicht aus Konzentrat gewonnen, sondern frisch gepreßt in Flaschen gegeben wurde, besonders gut schmeckt. Apfelsaft ist sehr süß und überlagert das feine Spätzlearoma. Deswegen empfehle ich als eines der besten Getränke gegen den Durst die Apfelschorle. Die Mischung aus dem süßen Apfelsaft und Mineralwasser paßt sehr gut zu den meisten Spätzlegerichten.

Malzkaffee

Dieses Getränk ist fast in Vergessenheit geraten. Malzkaffee besteht aus gerösteten Getreidekörnern. Unter den Namen Karo-Kaffee oder Kathreiner ist diese Art von Kaffeeersatz heute noch im Handel erhältlich und paßt zu Mohn- oder Nußspätzle sehr gut.

Most

»Mosttrinker sind Umweltschützer.« Das stand auf einem Aufkleber, der vor Jahren viele Autos aus der schwäbischen Provinz zierte. Der schwäbische Most benötigt einen gewissen Prozentsatz an Birnen, der nur auf hochstämmigen, schwer mit Chemikalien zu bespritzenden Bäumen wächst. Diese Bäume stehen in vielen Teilen Schwabens und beeinflussen sogar das Mikroklima. Messungen haben ergeben, daß nach dem massiven Abholzen der bis zu 20 Meter hohen Fruchtriesen die Durchschnittstemperatur in den nahen Ortschaften sank. Darüber hinaus bieten diese

Bäume den Raubvögeln Nistplätze sowie Wespen, wilden Bienen, Insekten und anderen Kleintieren eine Heimat.

Spezielle Äpfel, ebenfalls von hochstämmigen Bäumen, geben dem vergorenen Apfelsaft sein Aroma. Die Früchte sowohl der Birnen- als auch der Apfelbäume sind viel zu sauer, um sie roh zu essen. Der Saft dagegen ist herrlich süß.

Es gibt drei bekannte Sorten von alkoholischen Apfelgärprodukten. Den Apfelwein, vor allem in Hessen beheimatet. Den Cidre aus der Normandie oder der Bretagne – und natürlich den Most.

Ein guter Most setzt sich zu zwei Dritteln aus Äpfeln und zu einem Drittel aus Birnen zusammen. Kenner schätzen auch den reinen Birnenmost, der einen höheren Alkoholgehalt hat und süßer schmeckt.

Der Most aus Äpfeln und Birnen ist nicht jedermanns Sache. Viele behaupten, das Getränk wäre sauer. Ich bezeichne ihn als trocken.

Most pur oder mit Mineralwasser vermischt ist das ideale Getränk zu Kässpätzle oder Linsen mit Spätzle.

Bratbiramoscht

Allen Spezialisten, die Kontakt mit schwäbischen Eingeborenen pflegen, sollten gegen ein paar silbrige Münzen oder bedruckte Geldscheine einen Krug Bratbiramoscht tauschen. Bratbiramoscht ist Apfelsaft mit Birnensaft gemischt; die Birnensorte, die hierfür Verwendung findet, wird hauptsächlich in der Schweiz und in Südwestdeutschland seit Jahrhunderten angebaut.

Heckabeerlesmoscht

Dieses Getränk wurde in Kriegszeiten als Weinersatz gehandelt. Heute wird es kaum noch getrunken. Schade eigentlich, denn es schmeckt köstlich, erzeugt allerdings schon nach dem Genuß weniger Gläser einen intensiven Rausch. Aus gepreßten Beeren (Rote Träuble und/oder schwarze Johannisbeeren) wird es mit Wasser und Zucker in großen Glasballons vergoren und Ende Oktober ausgeschenkt.

Wein

Mit fast 10.000 Hektar Anbaufläche ist das Schwabenland, also nur der Bereich Württemberg, das fünftgrößte Weinanbaugebiet Deutschlands. Wenngleich das Klima nicht immer optimal ist, und die Reben fast ausschließlich auf Südhängen gedeihen, ist der schwäbische Wein keineswegs schlechter als andere Traubenerzeugnisse. Der kalkhaltige Boden und der Fleiß der Weinbauern tragen zu der außerordentlich guten Qualität bei. Auf nahezu einem Viertel der Fläche wird Trollinger, ein herzhafter Rotwein, angebaut, nach wie vor der Schwaben liebster Rebensaft. Die Rebsorte stammt aus Tirol; sein Name leitet sich von »Tirolinger« ab.

In größeren Mengen wird der Schwarzriesling, ein süffiger Wein, und der Lemberger angebaut. Der Lemberger ist ein kraftvoller, gerbsäurereicher Wein, der zum großen Glück der schwäbischen Trinker kaum Beachtung außerhalb des Musterländles findet.

Ich bevorzuge die trockenen Roten. Sie passen gut zu Braten mit Spätzle, vor allem dann, wenn der Bratensoße jener Wein, der auch getrunken wird, beigefügt wurde.

Meine schwäbischen Lieblingsrotweine kommen aus dem Raum Heilbronn. Der Lemberger bietet sich zu einem schweren Essen, zum Beispiel Schweinebraten mit Spätzle und Kraut, an.

An Weißweinen gibt es mit zum Teil hervorragender Qualität Riesling, Müller-Thurgau, Kerner und vereinzelt Sylvaner. Schiller ist ein Verschnitt aus Rot- und Weißweintrauben. Meine Einschätzung: Muß man nicht unbedingt trinken, die Originale, ungemischt, schmecken besser.

Bier

Neben den normalen Bieren gibt es Spezialitäten wie zum Beispiel ein Gruibinger Brunnenbier. Das naturtrübe Getränk wird in Ein-Liter-Schnappverschluß-Flaschen gehandelt, es schmeckt aber am besten direkt vom Faß. Württemberg ist sicher kein Vorzeigeland für den Hopfensaft. Vielleicht liegt es daran, daß das harte, kalkhaltige Wasser kein wirklich gutes Bier entstehen läßt.

Gerne wird Weizen, bei uns »Woiza« genannt, in Kristall- oder Hefeausführung zu sich genommen.

Schnaps

Nach einem guten Essen kann man sich einen Schnaps genehmigen. Zu empfehlen sind die einheimischen Obstbrände, die aus den überschüssigen Zwetschgen oder aus Most hergestellt werden. Die besten Schnäpse werden aus Kirschen gemacht und im Gebiet rund um die Teck offen verkauft. Empfehlenswert ist es, eine leere Flasche mitzunehmen.

Das Spätzlesliad

Text: Albert Hauser
Musik: Albert Hauser, Cornelius Schock

2.: Spätzla en dr Pfann'
mit zwoi Oier drann,
Spätzla us em Ofarohr
des kommt viel zu selta vor
Spätzla so wia i se mog
mit am Grombirasalat. *Refr.:*

3.: Spätzla mit viel Käs
dees isch ebbas schee's,
Spätzla ond a Brotastick
meglichscht groß, des isch mei Glick,
Lensa, Spatza ond an Schpeck,
brengt da greeste Hong'r weg. *Refr.:*

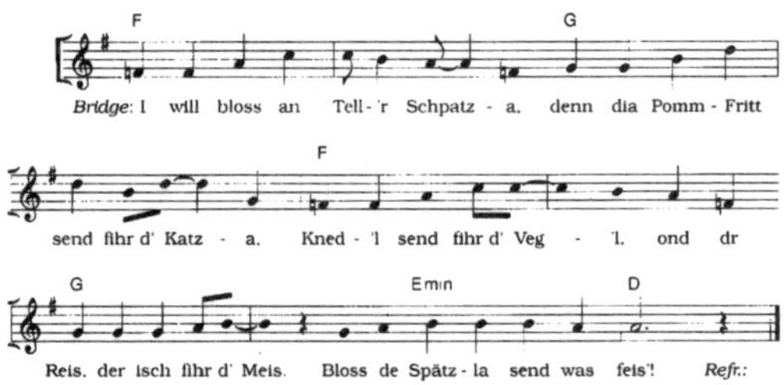

4.: Oimol isch's soweit
wenn d'r G'vatt'r said,
Zeit das du en Heem'l komsch,
hosch du oimat's no an Wonsch?
Sag i in meim Sterbebett,
was i jetscht am liabschta hätt: *Refr.:*

Das Spätzle-Lied

Text und Musik: Winfried Kuhn
Satz: Conny Schock

Refr.:
I mog Spätzla,
Spätzla mit viel Soß',
ohne meine Spätzla,
isch bei mir nex los!

Morgnat's en dr Friah,
geits Spätzla en dr Briah,
Spätzla geits zur Medigszeit
ond wenn se's et zom Obnad geiht,
noh schab i mr halt gschwend a paar,
Spätzla send so wonderbar.

Refrain:
Ich esse am liebsten Spätzchen
Spätzchen mit viel Sauce,
ohne meine Spätzchen,
ist bei mir nichts los.

Schon früh am Morgen
gibt es Spätzchen in einer Bouillon
Spätzchen gibt es zum Mittagessen
und wenn es sie nicht zum Abendbrot gibt
dann erzeuge ich kurzfristig noch ein paar
denn Spätzchen sind so wunderbar.

Refr.:
I mog Spätzla,
Spätzla mit viel Soß',
ohne meine Spätzla,
isch bei mir nex los!

Spätzla en dr Pfann'
mit zwoi Oier drann,
Spätzla us em Ofarohr
des kommt viel zu selta vor
Spätzla so wia i se mog
mit am Grombirasalat.

Refr.:
I mog Spätzla,
Spätzla mit viel Soß',
ohne meine Spätzla,
isch bei mir nex los!

Spätzla mit viel Käs
dees isch ebbas schee's,
Spätzla ond a Brotastick
meglichscht groß, des isch mei Glick,
Lensa, Spatza ond an Schpeck,
brengt da greeste Hong'r weg

Refr.: Ich esse am liebsten ...

Spätzchen in einer Pfanne
mit Eiern angebraten
oder überbacken
ist eine Mahlzeit, die viel zu selten auf den Tisch kommt.
Der Tag ist am schönsten,
wenn es dazu original-schwäbischen
Kartoffelsalat gibt.

Refr.: Ich esse am liebsten...

Käsespätzchen
sind etwas sehr gutes.
Ein großer Braten und Spätzchen
sind mein Glück.
Linsen, Spätzchen und Bauchspeck
vertreiben den größten Hunger.

Refr.:
I mog Spätzla,
Spätzla mit viel Soß',
ohne meine Schpätzla,
isch bei mir nex los!

Bridge:
I will bloß an Tell'r Schpatza,
denn dia Pomm-Fritt send fihr d' Katza,
Knedl send fihr d' Veg'l,
ond dr Reis, der isch fihr d' Meis.
Bloß de Spätzla send was feis'!

Refr.:
I mog Spätzla,
Spätzla mit viel Soß',
ohne meine Spätzla,
isch bei mir nex los!

Refr.: Ich esse am liebsten ...

Bridge:
Ich wünsche mir nur einen Teller Spätzchen,
denn die Pommes-Frites sind für Katzen,
Klöße sind für Vögel
und der Reis ist für Mäuse.
Nur Spätzchen sind die Krone der
Kochkunst.

Refr.: Ich esse am liebsten ...

Oimol isch's soweit
wenn d'r G'vatt'r said,
Zeit das du en Heem'l komsch,
hosch du oimat's no an Wonsch?
Sag i in meim Sterbebett.
was i jetscht am liabschta hätt:

Refr.:
I mog Spätzla,
Spätzla mit viel Soß',
ohne meine Spätzla,
isch bei mir nex los! :|

Irgendwannn einmal kommt der Tag
wenn Gevatter Tod sagt
es ist Zeit, daß du in den Himmel kommst,
hast Du vielleicht noch einen Wunsch?
Dann sage ich auf meinem Sterbebett
was ich mir jetzt wünsche:

Refr.: Ich esse am liebsten...

Dank an die fachliche Hilfe von Familie Kieper (Hotel Seminaris, Bad Boll), Familie Kempter (Hotel Stern, Albershausen), Familie Kneer (Grüner Baum, Oberdrackenstein), Familie Köstlin (Metzgerei Wolf-Köstlin, Albershausen) und an alle, die meine Rezepte ausprobiert haben.

Ein prominentes Wort zum Abschluß

Dr. Dieter Hundt
Präsident der Bundesvereinigung der
Deutschen Arbeitgeberverbände

Dr. sc. techn. DIETER HUNDT
Geschäftsführender Gesellschafter
ALLGAIER WERKE GmbH & Co. KG

D-73066 UHINGEN
Ulmer Straße 75
Telefon (07161) 301-216

Herrn
Winfried Kuhn
Schlierbacher Str. 27/1

73095 Albershausen

8. Dezember 1998

Sehr geehrter Herr Kuhn,

besten Dank für Ihr Schreiben vom 01.12.1998. Ich wünsche Ihnen für die Erstellung Ihres nächsten Buches mit dem Arbeitstitel „Spätzlesfieber" viel Erfolg. Vom Titel her könnte es ja ein Bestseller werden.

Ich bin gerne bereit, Ihrer Aufforderung entsprechend für das Buch nachfolgende Geschichte zur Verfügung zu stellen, wobei ich Ihnen eine adäquate Formulierung selbst überlasse.

„Im Verlauf meines Studiums an der Eidgenössischen Technischen Hochschule in Zürich habe ich Anfang der 60er Jahre meine heutige Frau kennen- und liebengelernt. Als sich abgezeichnet hat, daß wir den Bund fürs Leben eingehen wollen, war es meine Bedingung, erst zu heiraten, wenn meine damalige Freundin perfekte handgeschabte schwäbische Spätzle anfertigen könne. Wenn wir ab und zu über das Wochenende meine Eltern im schwäbischen Uhingen besuchten, hat meine Mutter ihrem ausgehungerten Studenten natürlich stets hervorragende Spätzle serviert, und meine heutige Frau durfte immer das letzte Brett schaben. Die ersten Male gab es stets ein riesiges Hallo, weil ich jedes einzelne Spätzle von ihr aufgrund der besonderen Dicke und Länge identifizieren konnte. Als ich dann irgendwann einmal ihre Spätzle von denen meiner Mutter auf der Platte nicht mehr unterscheiden konnte, war der Test bestanden und der Hochzeit stand nichts mehr im Wege.

Dieser harten Schule ist es sicherlich zuzuschreiben, daß meine Frau heute die ganze Familie bei geselligen Anlässen immer wieder mit den besten Spätzle der Welt verwöhnt, die von allen hoch geschätzt werden."

Mit freundlichen Grüßen

PS: Wunschgemäß lege ich diesem Brief ein Foto bei.

Register

Lesen bildet Meinung.
Mit uns garantiert.
Frankfurter Rundschau
Die Zeitung zwei Wochen zum Nulltarif.
☎ 08 00 / 8 666 8 66